**Ursula Lietz**

# Neue Kasperlestücke für viele Anlässe

## zum Nachspielen und Mitmachen für Menschen ab 3 Jahren

## mit Illustrationen von Kasia Sander

# Ökotopia Verlag, Münster

# Impressum

**Autorin**       Ursula Lietz

**Illustratorin**   Kasia Sander

**Satz**         art applied • Hennes Wegmann, Sigi Kießling, Münster

**ISBN**         978-3-86702-106-7

3. Auflage 2013

# Inhalt

# Vorwort

In diesem Buch finden Sie neue Kasperlestücke zu verschiedensten (festlichen) Anlässen im Jahresverlauf, für Kindergarten und Grundschulkinder.

Bei einem Fest oder besonderen Anlass, sei es ein Geburtstag, die bevorstehende Ferienzeit, Karneval, der Abschied vom Kindergarten … lassen sich die einfachen Stücke jederzeit und ohne große Vorbereitungen vorspielen.

Die Kinder schauen sich das Geschehen nicht einfach nur an, sondern sind mit Herz und Seele dabei. Sie fühlen mit und machen mit.

Die Kinder können sich mit den Figuren identifizieren und, was im Kindergartenalter besonders wichtig ist, das Gute gewinnt am Ende immer und das Böse erhält seine gerechte Strafe. – Fast wie im Märchen, aber nicht so grausam.

Gerade wenn sich viele Kinder begegnen, erleichtert das Kasperletheater den Einstieg oder den Abschluss. Man bekommt alle Kinder zusammen und das gemeinsame Erlebnis, die Spannung die Erleichterung, wenn alles wieder gut ist, verbindet auch fremde (Geschwister-)Kinder schnell miteinander.

Regelmäßige Auftritte der Kasperlefiguren können auch zum gelungenen Einstieg in die Puppentheaterwelt für Sie und Ihre Kinder werden, sodass aus begeisterten ZuschauerInnen im Alltag leidenschaftliche PuppenspielerInnen werden. Wenn Kinder selber spielen, sind ihrer Fantasie (fast) keine Grenzen gesetzt. Sie spielen ihren Alltag nach, thematisieren Konflikte und tragen sie über die Puppen aus, verarbeiten Erlebnisse oder bauen Frust ab …

In der Rolle der Puppe ist es einfacher mutig zu sein, sich Problemen zu stellen oder neue Wege zu gehen. Gedanken und Gefühle können durch die Puppen auf der Bühne ausgedrückt werden. Oft führt dabei das Unterbewusstsein die Hand der kleinen SpielerInnen. Erwachsene PuppenspielerInnen haben in dieser Form die Möglichkeit, ganz ohne erhobenen Zeigefinger Anregungen für den Alltag zu vermitteln oder schwierige Themen anzusprechen und aufzugreifen.

Im Kindergartenalter steht das magische Denken im Vordergrund und die Kinder sind somit besonders gut mit den Geschichten zu erreichen und zu begeistern.

Wer noch Zweifel an der Attraktion des Kasperlespielens in unserer modernen Zeit haben sollte, braucht nur die kleinen ZuschauerInnen während einer Vorführung zu beobachten und wird spätestens dann überzeugt sein: Es lohnt, sich und die Kinder fürs Puppenspiel zu begeistern!

Haben Sie jetzt Lust zum Spielen bekommen, dann fangen Sie doch gleich an! Benutzen Sie eine vorgegebene Geschichte als Leitfaden und lassen Sie zusätzlich Ihrer Fantasie freien Lauf. Sie werden sehen, der Spaß ist nicht nur auf Seiten der Kinder, sondern auch auf der Seite der PuppenspielerInnen: Bühne frei für den Kasper und seine Freunde!

# Allgemeine Spielhinweise

Die **Stücke** in diesem Buch eignen sich gut zum spontanen Spiel – ohne große Vorbereitungen. Wer es etwas aufwendiger liebt, findet jeweils vor den einzelnen Geschichten Hinweise zum Hintergrund, zur Dekoration und zu den Requisiten.

Grundsätzlich spielt für die Faszination der Kinder das Umfeld und die Art der **Bühne** gar keine so große Rolle. Es reicht ein umgekippter Tisch oder eine hohe Sessellehne, um dahinter zu spielen. Den Rest erledigt die Fantasie der kleinen ZuschauerInnen. Spielen Sie ruhig einfach drauf los. Wenn Sie ein Kaspertheater besitzen, können Sie das natürlich benutzen.

Wollen Sie Ihren Kindern zu einem bestimmten Fest eine besondere Freude machen, können Sie die jeweilige Stimmung durch entsprechende **Hintergrundbilder** und kleine Änderungen an der Bühne noch verstärken. Es kann aber auch ohne Weiteres alles vor geschlossenem Vorhang oder ganz ohne Hintergrund gespielt werden. – Die Hintergrundbilder können auf Pappe aufgemalt werden und müssen weit genug hinter der Bühne befestigt werden, damit davor noch gespielt werden kann. – Genauso gut können aber auch alle Szenen vor dem geschlossenem Vorhang gespielt werden, der mit ausgeschnittenen Motiven aus Pappe geschmückt wird. So können Bäume, ein Schloss oder Truhen und Kisten je nach Bedarf mit Stecknadeln (Klettband o. Ä.) am Vorhang befestigt werden.
Begleitende **Musik** ist zwar stimmungsvoll, aber nicht unbedingt nötig.

Viel wichtiger als ein aufwendiges Theater ist es, die **Figuren lebendig wirken zu lassen**. Das heißt, sie sollten sich dem Inhalt entsprechend bewegen.

Die **Stimme** sollte unbedingt der Rolle und dem Geschehen angepasst werden (hoch, tief, heiser, krächzend, langsam, schnell, jammernd, weinend usw.), besonders, wenn eine Person mehrere Figuren spielt. Die Stimmen sollten vorher ausprobiert und auf die jeweiligen Puppen abgestimmt werden. – Wer noch nie gespielt hat, kann die Puppenbewegungen und deren Wirkung erst einmal vor dem Spiegel üben. Da bei den Puppen keine Mimik einsetzbar ist, muss ihre Körpersprache um so deutlicher sein.

Genauso wichtig ist es, die Kinder immer wieder durch Fragen und Anweisungen **zum Mitmachen** zu **animieren**. Das macht das Spiel lebendig. Einwürfe der Kinder sollten, wenn es irgendwie geht, aufgegriffen werden. Es muss aber damit gerechnet werden, dass besonders sehr kleine Kinder beim Zuschauen so fasziniert sind, dass sie vergessen zu antworten. Dann müssen die Figuren das selbst übernehmen.
Zwischenrufe, Fragen oder Antworten der Kinder sollten wiederholt werden, damit sie nicht untergehen und von allen verstanden werden.

Es ist hilfreich zu Beginn des Stückes – und wenn die ZuschauerInnen zu laut werden – eine Glocke zu läuten, damit wieder Ruhe einkehrt. Alternativ können auch zwei Topfdeckel zusammengeschlagen werden.

Die **Requisiten** zu den Aufführungen sind in den meisten Haushalten vorhanden oder nach den jeweiligen Anweisungen schnell hergestellt.

# Die Hexenprinzessin

## Puppenspiel in 6 Akten zum Thema Karneval

**Es spielen:**

2 PuppenspielerInnen

**Es spielen mit:**

Kasper
Prinzessin
König
Hexe
Polizist
Großmutter

**Requisiten:**

mehrere Holzkästchen oder Kartons
mehrere Puppenkleider
verschiedene Tücher
weißes Tuch
Zauberbuch
1 Zweig ohne Blätter
1 Glas mit Teelicht
1 Puppenteller mit Gebäck
1 Puppentasse
Zeitung
Gong oder Topfdeckel mit Stab
    oder Holzlöffel
Seifenblasen, Flöte, Orff-Instrumente
    oder Trommel

Als **Zauberbuch** wird ein kleines Buch verwendet, das zur Größe der Puppen passt. Es wird mit Silber- oder Goldfolie eingeschlagen (es geht auch Alufolie) und mit ausgeschnittenen Zahlen, Buchstaben oder anderen Zeichen beklebt. (z. B.: Sonne, Mond und Sterne)

**Kulisse:**

geschlossener Vorhang
einfarbiger Hintergrund oder geschlossener
    Vorhang mit mehreren Kästen am
    Bühnenrand
Hintergrundbild Wald
Hintergrundbild Schloss

Die **Hintergrundbilder** können auf Pappe aufgemalt werden. – Genauso gut können aber auch alle Szenen vor geschlossenem Vorhang gespielt werden, der mit ausgeschnittenen Motiven aus Pappe geschmückt wird. So können Bäume, ein Schloss oder Truhen und Kisten je nach Bedarf mit Stecknadeln am Vorhang befestigt werden.

**Spielhinweise:**

Das Stück muss mit zwei SpielerInnen aufgeführt werden, da im 4. und 5. Akt drei Puppen zusammen auftreten. Auch in anderen Szenen mit nur zwei Puppen ist oft eine zusätzliche Hand nötig (z. B.: um das Teelicht anzuzünden, die Schläge der Uhr nachzustellen oder die Verwandlung zu untermalen).

Die Puppen werden am besten folgendermaßen aufgeteilt:

**SpielerIn 1:**  Kasper, König
**SpielerIn 2:**  Prinzessin, Hexe,
  Großmutter, Polizist

**Im 2. Akt** müssen auch einige Kästen auf dem Bühnenrand stehen, die mit Puppenkleidern und Tüchern gefüllt sind. Eine freie Hand kann jeweils die Kiste von unten festhalten, aus der gerade etwas entnommen wird. So besteht nicht die Gefahr, dass die Puppe die Kiste vom Bühnenrand schmeißt.

**Im 3. Akt** muss das Glas mit dem Teelicht so klein sein, dass die Prinzessin (SpielerIn 2) es festhalten kann. Die Kerze wird von SpielerIn 1 angezündet, während die Prinzessin dem Publikum den Rücken zudreht.

**Im 6. Akt** schlägt SpielerIn 1 für die 12 Schläge der Uhr mit einem Stab oder Stock gleichmäßig auf einen Gong oder Topfdeckel. Die Verwandlung der Prinzessin untermalt SpielerIn 1, indem sie leise Geräusche mit Orff-Instrumenten, einer Flöte oder einer Trommel erzeugt. Es könnten auch Seifenblasen von unten nach oben auf die Bühne geblasen werden. So wirkt der Vorgang noch geheimnisvoller.

# 1. Akt

## Prinzessin und Kasper treten auf

*(vor geschlossenem Vorhang)*

**Prinzessin:**  Hallo Kinder! Was macht ihr denn alle hier?

**Kinder:**  *(erzählen)*

**Prinzessin:**  Ach so: Habt ihr zufällig den Kasper gesehen?
Mir ist ja sooo langweilig. Immer darf ich nur schöne Kleider anziehen und muss mich anständig benehmen. Immer nur lieb und nett sein, dazu hab ich überhaupt keine Lust mehr. Was soll ich nur tun? Vielleicht hat ja der Kasper eine Idee!

**Kasper:**  *(ist schon zu hören, bevor er auf die Bühne kommt)*
Tri, tra, trullalla, tri, tra, trullalla,
Kasperle ist wieder da.
*(blickt zum Publikum)*
Hallo, Kinder! Seid ihr auch alle da?
*(dreht sich zur Prinzessin)*
Hallo Prinzessin, was machst du denn hier? Hast du dir schon ein schönes Kostüm für den Karneval überlegt?

**Prinzessin:** Ach nein, ich habe überhaupt noch keine Idee – und auf was Schönes habe ich schon gar keine Lust, das ist einfach nur furchtbar langweilig.

**Kasper:** Aber Karneval ist doch furchtbar aufregend. Stimmt's, Kinder? Habt ihr schon ein Kostüm?

**Kinder:** *(erzählen)*

**Kasper:** Ich war letztes Jahr Ritter. Das war vielleicht toll!
*(zur Prinzessin)*
Du musst doch kein schönes Kleid anziehen. Wie wär's denn mit einem lustigen Kostüm? – Der Seppel wird z. B. Clown und die Gretel Pippi Langstrumpf!

**Prinzessin:** Och, das war ich auch schon! Ich möchte mal was ganz anderes sein. So, dass mich niemand erkennt.

**Kasper:** Hu, das ist natürlich schwierig.

**Prinzessin:** Am liebsten wäre ich groß und mächtig oder gar unheimlich. So, dass ich machen kann, was ich will. Ich möchte mich mal nach Herzenslust dreckig machen können oder so stark sein, dass ich vor keinem Angst haben muss.

**Kasper:** Ich hab's! Wie wäre es, wenn wir im Schlosskeller herumstöbern. Vielleicht finden wir da was für dich. Da sind doch noch die ganzen alten Kisten mit den Sachen aus der Zeit von deinen Großeltern und Urgroßeltern und Ururgroßeltern.

**Prinzessin:** Au ja, das ist eine tolle Idee! Komm, wir gehen gleich los.
*(zieht den Kasper von der Bühne)*

# 2. Akt

## Prinzessin und Kasper im Schlosskeller

*(Auf dem Bühnenrand und im Hintergrund sind viele „alte" Kästen in verschiedenen Größen zu sehen)*

**Prinzessin:** *(blickt sich um)*
Hm, wo fangen wir am besten an?

**Kasper:** Lass uns einfach in die Kisten gucken. Wir werden ja sehen, ob was für dich dabei ist.

*(beide öffnen die Deckel, ziehen Tücher und Kleider aus den Kästen und lassen sie auf den Bühnenrand oder hinter die Bühne fallen)*

**Prinzessin:** *(zieht ein weißes Tuch hervor)*
Guck mal! Hier das wäre gut für ein Gespenst!

**Kasper:** Ja, leg es zur Seite, vielleicht finden wir ja noch etwas Besseres.
*(zieht mehrere Kleidungsstücke hervor und lässt sie fallen)*
Nein, das ist nicht das Richtige.

**Prinzessin:** *(zieht ein Buch hervor)*
Kasper, guck mal, ich habe was gefunden!

**Kasper:** Oh, das ist bestimmt schon uralt.
*(nimmt das Buch in die Hand)*
Lass mal sehen, wie es heißt.
*(buchstabiert langsam)*
G e h e i m!

**Prinzessin:** Oh, das ist aber aufregend!
*(schlägt das Buch auf und sagt enttäuscht)*
Ooch, die Seiten sind leer.
*(blättert weiter und wird ganz aufgeregt)*
Aber sieh mal hier, da steht was!

**Prinzessin und Kasper:** *(beugen sich über das Buch und lesen laut)*
Wirksame Verwandlungen!

**Kasper:** Da steht wirklich: Verwandlungen.
*(liest langsam weiter)*
Suche einen frischen Zweig mit vielen Knospen, die aber noch nicht aufgegangen sind. Dann gehe in den Wald und suche dir dort eine Lichtung. Stelle dich in der Abenddämmerung genau in die Mitte und ziehe mit dem Zweig einen Kreis um dich herum. Ein Licht soll dir leuchten, wenn du den Zauberspruch aufsagst. Dabei musst du dich 2-mal nach Süden und 2-mal nach Norden verbeugen.

**Prinzessin:** *(aufgeregt)*
Hier unten steht noch etwas!
*(liest weiter)*
Der Spruch muss aus 4 Zeilen bestehen, die sich am Ende reimen.

**Kasper:** Und hier steht noch: Achtung, um 12.00 Uhr mittags ist der Zauber wieder vorbei!

**Prinzessin:** *(hüpft vor Aufregung)*
Ich kann es kaum glauben. Meinst du, das klappt? Kasper, komm lass uns das gleich ausprobieren!!

**Kasper:**        Ich weiß nicht recht. Hm, aber bis zur Dämmerung ist ja noch Zeit.

**Prinzessin:**    Wir könnten im Schlossgarten einen Obstbaumzweig abbrechen.
                   Die haben schon Knospen. – Und eine Lichtung im Wald ist doch
                   ganz hier in der Nähe!

**Kasper:**        *(gähnt)*
                   Dann hol du doch schon einmal einen Zweig. Ich mache in der Zeit
                   noch schnell ein kleines Schläfchen. Dann kann ich auch besser
                   überlegen, was ich von dem Buch halte. Manchmal habe ich im
                   Schlaf die besten Ideen. Vielleicht sollten wir es wirklich mal auspro-
                   bieren. Aber ich glaube nicht, dass es gelingt.
                   *(gähnt wieder)*

**Prinzessin:**    Aber wenn doch? Das wäre ein echtes Abenteuer! Was meint ihr,
                   Kinder?

**Kinder:**        *(antworten)*

**Prinzessin:**    Ich besorge auf jeden Fall schon einmal den Zweig.

**Kasper:**        Und ich lege mich so lange aufs Ohr.
                   *(beide gehen ab)*

# 3. Akt

## Die Verwandlung der Prinzessin

*(vor Hintergrundbild Wald)*

**Prinzessin:**  *(kommt mit einem Zweig auf die Bühne)*
Ich bin so aufgeregt! Ich kann es gar nicht mehr abwarten. Es wird schon dämmrig und der Kasper schläft immer noch. Guckt mal, ich habe einen schönen Zweig mit Knospen gefunden und auch ein Licht mitgebracht.
*(holt hinter ihrem Rücken ein Glas mit Teelicht hervor, geht zum Bühnenrand, dreht sich und guckt sich dabei um)*
Hier ist auch schon die Lichtung.
Jetzt muss ich nur noch in die Mitte gehen und einen Kreis um mich ziehen.
*(geht zurück in die Mitte und malt mit dem Ast von hinten, nach rechts, nach vorne, nach links und wieder nach hinten)*
So, das hätten wir. Jetzt nur noch das Licht anzünden.
*(nimmt das Glas mit beiden Händen, dreht sich mit dem Rücken zum Publikum, lässt von SpielerIn 2 das Teelicht anzünden und dreht sich wieder zurück. Sie stellt das Licht vorsichtig ein Stück entfernt auf den Bühnenrand)*
Was kommt jetzt? – Ach ja, der Zauberspruch! In was will ich mich denn überhaupt verwandeln? – Hm, am liebsten in etwas Scheußliches. Kinder, habt ihr eine Idee?

**Kinder:**  *(antworten)*

**Prinzessin:**  *(greift verschiedene Vorschläge auf und kommentiert sie)*
Hat da jemand Hexe gesagt? Ja, Hexe ist eine gute Idee!
Da kann ich zaubern, Leute ärgern, muss nicht nett sein und kann wirklich machen, was ich will! Das wird bestimmt sehr lustig! – Moment, es muss sich ja reimen.
*(langsam)*
Ene mene Kaffeedreck, die Prinzessin ist jetzt weg! – Oh, das ist schon mal gut! Jetzt noch was mit der Hexe. Hm. Lange Nase ... nein, jetzt weiß ich's: Keine Krone auf dem Ohr, kommt die Hexe schnell hervor!
*(blickt sich um)*
Der Kasper kommt gar nicht, der schläft bestimmt immer noch.
*(dreht sich zum Publikum)*
Kommt Kinder, wir probieren schon mal und sagen bei 3 alle zusammen den Spruch. 1 – 2 – 3:

**alle:**          Ene mene Kaffeedreck, die Prinzessin ist jetzt weg.
                   Keine Krone auf dem Ohr, kommt die Hexe schnell hervor!

                   *(man hört Flötentöne oder andere Musik. Eventuell Seifenblasen nach
                   oben pusten. Die Prinzessin verschwindet nach unten und die Hexe
                   kommt herauf.)*

**Hexe:**          *(mit der Stimme von der Prinzessin)*
                   Mir ist ganz komisch.
                   *(guckt an sich herunter)*
                   Keine schönen Kleider mehr!
                   *(befühlt ihren Kopf)*
                   Keine Krone!
                   *(klatscht freudig in die Hände)*
                   Super! Es hat geklappt! Kinder!
                   *(wird etwas unsicher und fragt die Kinder)*
                   Sehe ich wirklich aus wie eine Hexe?

**Kinder:**        *(antworten)*

**Hexe:**          *(tanzt auf der Bühne)*
                   Juchhuuu! Ich bin eine hässliche, alte Hexe! Ist das ein tolles Gefühl.
                   Das muss ich gleich dem Kasper erzählen. Der wird vielleicht staunen!
                   *(geht ab)*

# 4. Akt

## Der König erkennt seine Tochter nicht

*(vor Hintergrundbild Schloss)*

**König:**         *(blickt sich suchend um)*
                   Prinzessin, Prinzessin, wo bist du? Kinder, habt ihr die Prinzessin ge-
                   sehen? Sie ist noch immer nicht zu Hause und es ist schon spät!

**Kinder:**        *(antworten)*

**König:**         Was sagt ihr? Im Wald, ganz alleine? Ogottogottogott! Was erzählt ihr
                   da? Sie ist verzaubert? Was ist da nur passiert? Mein armes Kind! Viel-
                   leicht kann der Kasper uns helfen. Kasper! Kinder ruft mal alle ganz
                   laut mit. Vielleicht hört der Kasper es dann.

**alle:**          Kasper! Kaaaspeer!

**Kasper:**        *(taucht auf und reibt sich die Augen)*
                   Habt ihr mich gerufen?

| | |
|---|---|
| **König:** | Ja, du musst mir helfen! Die Prinzessin ist weg und die Kinder sagen, sie ist ganz alleine in den Wald gegangen und ist verzaubert. Meine arme Tochter. Kannst du sie finden? |
| **Kasper:** | Immer langsam. Ich kümmere mich darum. *(leise zu den Kindern)* Oh, oh, das hört sich aber gar nicht gut an. Sie wird doch wohl keine Dummheiten gemacht haben. *(wieder laut)* Ich werde sie schon finden. Ich mache mich gleich auf den Weg. *(geht ab)* |
| **König:** | *(geht zu einer Seite der Bühne)* |
| **Hexe:** | *(taucht gleichzeitig auf der anderen Seite auf und geht rückwärts auf den König zu)* |
| **König:** | Hoffentlich geht das gut. |
| **Hexe:** | So, jetzt muss ich nur noch den Kasper wecken. Leise, damit mich sonst niemand hört. |
| **König:** | Da hab ich doch was gehört. *(schaut sich um, geht rückwärts und stößt mit der Hexe zusammen)* Was? |
| **Hexe:** | Oh, Verzeihung! |
| **König:** | Ha, die Hexe! *(packt sie schnell am Arm)* Hier geblieben! Was hast du mit meiner Tochter gemacht? Raus mit der Sprache! |
| **Hexe:** | Aber Papa, ich bin's doch, die Prinzessin! Ich habe mich nur verwandelt. |
| **König**: | Was ist denn das für ein fauler Zauber? Das soll ich dir glauben? |
| **Hexe:** | Aber ja. Wir haben im Schlosskeller ein altes Buch gefunden und da ... |
| **König:** | Was, in meinem Keller? Was hast du da verloren? Wolltest wohl etwas stehlen! Das ist Einbruch! Diebstahl! *(ruft laut)* Polizei!!! |
| **Hexe:** | Nein, nein, so hör doch zu! |
| **König:** | Das höre ich mir nicht länger an! Ich sperre dich erst einmal in den Kerker. Da bist du sicher. Und morgen früh hole ich die Polizei. Vielleicht ist bis dahin der Kasper auch wieder da. Dann sehen wir weiter. *(geht mit der weinenden Hexe ab)* |

# 5. Akt
## Kasper bei der Großmutter
*(vor geschlossenem Vorhang)*

**Kasper:**    Ich habe die Prinzessin nirgendwo gefunden. Ich habe die ganze Nacht gesucht.
*(gähnt)*
Jetzt frühstücke ich erst einmal und dann muss ich zum König. Der Ärmste! Was soll ich ihm nur sagen?

**Großmutter:** *(kommt mit Teller, Tasse und Zeitung unter dem Arm)*
Hier Kasper, dein Frühstück! Iss erst einmal ordentlich. Die Zeitung habe ich dir auch gleich mitgebracht. Da steht wieder was von der Hexe drin.

**Kasper:**    Was, wirklich? Zeig her!
*(nimmt die Zeitung und murmelt lesend)*
Hexe bei Einbruch gefangen genommen …
… im Gefängnis sicher verwahrt.
Was? Großmutter, ich muss sofort ins Gefängnis! Die Hexe weiß bestimmt etwas über die Prinzessin.
*(gibt der Großmuter das Frühstücksgeschirr)*
Vielleicht finde ich die Prinzessin ja doch noch.

**Großmutter:** Hoffentlich ist ihr nichts passiert.

*(beide gehen in verschiedene Richtungen ab)*

# 6. Akt
## Rückverwandlung der Prinzessin
*(vor geschlossenem Vorhang )*

**Kasper:**    So, da bin ich schon. Hallo, Herr Wachtmeister. Schnell, ich muss unbedingt die Hexe sprechen.

**Polizist:**    *(kommt)*
Na, mal langsam. Da könnte ja jeder kommen. Was ist denn los?

**Kasper:**    Die Prinzessin ist seit gestern Abend verschwunden und ich vermute, die Hexe hat etwas damit zu tun!

**Polizist:** Das ist natürlich etwas anderes. Warte hier, ich hole sie sofort.
*(geht ab)*

**Kasper:** Danke, beeilen Sie sich, ich mache mir nämlich schon große Sorgen.

**Polizist:** *(kommt wieder und zerrt die Hexe hinter sich her)*
So, dann mal viel Glück. Ich halte hinter der Tür Wache. Wenn du mich brauchst, musst du nur laut schreien und ich bin sofort da.
*(geht ab)*

**Hexe:** Gott sei Dank, Kasper, da bist du ja. Ich habe dich im Schloss gesucht. Dabei hat mein Vater mich entdeckt. Er dachte, die Hexe wollte im Schloss einbrechen und hat mich verhaften lassen. Es war schrecklich! Niemand glaubt mir! Einfach niemand! – Aber du weißt doch, wer ich bin, oder?

**Kasper:** Hm, jaaa – ich glaube schon. Dann hat das also tatsächlich geklappt mit deiner Verwandlung. Das hätte ich nicht gedacht.

**Hexe:** Ja, ich habe alles genauso gemacht, wie es in dem Buch stand. Ich dachte, es wäre ganz toll, mal eine Hexe zu sein. Aber jetzt gefällt es mir gar nicht. Keiner mag mich.

**Kasper:** Nun mach dir mal nicht zu viele Sorgen. Ich erinnere mich, dass in dem Buch stand, dass der Zauber von alleine wieder aufhört.

**Hexe:** Aber natürlich! Warum habe ich da nicht eher dran gedacht? Das hatte ich ganz vergessen!

**Kasper:** Stand da nicht, er hört um 12 Uhr mittags auf?

**Hexe:** Ja, ja genau! So stand es da. Wie spät ist es denn jetzt?

**Kasper:** Es müsste bald Mittag sein. Ich frag mal den Wachtmeister.
*(laut)*
Haalloo, Herr Wachtmeister!

**Polizist:** *(stürzt auf die Hexe zu und hält sie fest)*
Was ist passiert? Ich hab sie! Was hat sie dir getan?

**Kasper:** Nichts, lass sie ruhig los. – Außerdem ist das die Prinzessin!

**Polizist:** Ja, ja, und ich bin der Kaiser von China! So was wollte sie mir auch schon einreden. Du musst nicht alles glauben, was sie dir erzählt.

**Kasper:** Wir werden ja sehen. – Wie spät ist es?

**Polizist:** *(guckt auf seinen Arm)*
Gleich 12 Uhr! Wieso?

**Kasper:**   Das ist ja günstig. Dann müssen wir nur noch einen Augenblick ab-warten und alles kommt wieder in Ordnung.

**Polizist:**   Wie meinst du das?
*(12 Glockenschläge erklingen, währenddessen verschwindet die Hexe nach unten und die Prinzessin taucht auf)*
*(reibt sich die Augen)*
Ich glaube, ich kann meinen Augen nicht mehr trauen!

**Prinzessin:**   Endlich bin ich wieder ich!
*(fällt dem Kasper um den Hals)*
Ich will mich auch nie wieder über meine schönen Kleider beschwe-ren. Jetzt bin ich froh, dass ich sie wieder habe.

**Kasper:**   *(hält sie an den Händen und dreht sie hin und her)*
Ich muss schon sagen, so gefällst du mir auch besser!

**Polizist:**   Kann mich vielleicht mal jemand aufklären? Wo ist die Hexe? Ich ver-stehe gar nichts mehr!

**Prinzessin:**   Ich hab es dir doch schon erklärt. Ich habe mich mal kurz verzau-bert! – Aber mir wollte ja keiner glauben.

**Polizist:**   Das gibt es doch gar nicht!

**Kasper:**   Scheinbar schon. – Und jetzt müssen wir zuerst dem König Bescheid sagen. Er ängstigt sich sonst noch zu Tode!

**Prinzessin:**   Ja, komm, und dann müssen wir uns noch ein Kostüm aussuchen. Aber von unheimlichen Gestalten habe ich jetzt genug. Ich glaube, ich werde doch lieber Oma – oder Biene Maja.

**Kasper:**   Ja gut. Ich werde Hase. Oder doch lieber Clown? Mal sehen.

**Polizist:**   Ich werde hier wohl nicht mehr gebraucht. – Wenn ich das meinen Kollegen erzähle!
*(geht ab)*

**Prinzessin:**   Weißt du was, Kasper? Weil ich so froh bin, dass alles gut ausgegan-gen ist, gebe ich ein großes Kostümfest.
Kinder, ihr könnt auch kommen, wenn ihr Lust habt. Mein Vater ist bestimmt einverstanden!

**Kasper:**   Das ist toll! Aber jetzt müssen wir unbedingt zu deinem Vater.
*(zieht die Prinzessin von der Bühne)*
Tschüss Kinder, bis zu unserem Fest!

**Prinzessin:**   Ja, bald sehen wir uns ja schon wieder. Auf Wiedersehen!

*(beide gehen winkend ab)*

# Verspätetes Osterfest

Puppenspiel in 5 Akten zum Thema Ostern

**Es spielen:**
2 PuppenspielerInnen

**Es spielen mit:**
Kasper
Prinzessin
Hase
Hexe
Förster (oder Jäger oder Seppel)
Krokodil

**Requisiten:**
Zauberbuch (s. S. 6)
Malpinsel
Hexenbesen
Sack
Seil
Ostereier (kleine Schokokoladeneier,
    eingepackt)
Körbchen

Als **Hexenbesen** einen kleinen Puppenbesen verwenden oder am unteren Ende eines Stockes mit Blumendraht etwas Heu, Stroh oder Reisig festbinden.

**Kulisse:**
geschlossener Vorhang
Hintergrundbild Wald

**Spielhinweise:**
Dieses Stück wird von 2 PuppenspielerInnen gespielt, da manchmal 3 Puppen gleichzeitig erscheinen und auch einige schnelle Puppenwechsel nötig sind (z. B.: wenn der Kasper verzaubert wird). Günstig ist folgende Puppenaufteilung:
**SpielerIn 1:** Kasper, Hase
**SpielerIn 2:** Prinzessin, Hexe, Krokodil, Förster

Wenn der Kasper in ein Krokodil verzaubert wird, spielt SpielerIn 2 (zwecks schnelleren Wechsels) das Krokodil. SpielerIn 1 sollte aber – als Kasper – für das Krokodil weiter sprechen, damit die Kinder nicht durch einen Stimmwechsel irritiert werden. SpielerIn 2 muss besonders gut darauf achten, die Bewegungen dem Gesprochenen anzupassen.

Die Verwandlung des Kaspers könnte noch durch ein beliebiges Geräusch untermalt werden, um sie eindrücklicher zu gestalten (z. B.: Topfdeckel aneinander reiben oder Gong schlagen).

Der Förster, der in diesem Stück vorkommt, kann auch durch den Jäger dargestellt werden. Sollte auch dieser nicht vorhanden sein, ist für die Rolle auch ohne Probleme der Seppel verwendbar.

Die Ostereier im letzten Akt sollten aus eingepackten Schokoladeneiern bestehen, weil diese kleiner und nicht so schwer sind, und besser in ein Körbchen passen. Sie entsprechen auch eher der Puppengröße.

Wenn die Kinder im Anschluss an das Stück noch ein kleines Osterpräsent bekommen sollen, kündigt der Hase dies am Schluss – als Belohnung für ihre Mithilfe – an. Sind es nicht zu viele Zuschauer, kann der Hase die Geschenke auch selber verteilen (oder die SpielerInnen kommen hinter dem Theater hervor und verteilen die Präsente mit den Puppen auf der Hand).

# 1. Akt

## Kasper und Prinzessin finden keine Ostereier

*(vor geschlossenem Vorhang)*

**Kasper:**      Hallo Kinder! Guten Tag und frohe Ostern! War der Osterhase schon bei euch? Habt ihr ihn vielleicht getroffen?

**Kinder:**      *(erzählen lassen …)*

**Kasper:**      Hm, das ist aber seltsam. Eigentlich hätte der Osterhase auch schon hier bei uns etwas verstecken müssen. Wenn ich sonst am Ostermorgen früh aufgestanden bin, war immer schon alles versteckt. Nur dieses Jahr nicht. Ich habe schon gesucht und gesucht und kein einziges Ei gefunden. – Komisch!
Ob ich vielleicht nicht lieb gewesen bin? Kann das sein? – Aber was hab ich denn bloß angestellt? Was meint ihr, Kinder?

**Kinder:**      *(antworten)*

**Prinzessin:**  Guten Tag, Kasper! Hallo Kinder, frohe Ostern euch allen!

**Kasper:**      Frohe Ostern, Prinzessin!

**Prinzessin:**  Du hör mal, ich muss dich unbedingt etwas fragen.

**Kasper:**      Was ist denn los?

**Prinzessin:**  *(etwas leiser)*
Hast du heute schon Ostereier gesucht?

**Kasper:**  Hm, jaaaa ...

**Prinzessin:**  Also, ich hab dieses Jahr keine gefunden. Das ist noch nie passiert!

**Kasper:**  Was, du auch nicht? – Ich hab schon gedacht, es hätte an mir gelegen und dass nur ich keine Eier bekommen habe.

**Prinzessin:**  Da stimmt doch was nicht!

**Kasper:**  Vielleicht hat ja der Räuber mal wieder seine Finger im Spiel! Kinder, was meint ihr?

**Kinder:**  *(antworten)*

**Prinzessin:**  Das kann sein. Komm, wir gehen mal in der Räuberhütte nachschauen.

**Kasper:**  Ja! Wenn wir alle dieses Jahr noch auf unsre Ostereier warten müssen, dann ist bestimmt was passiert.
*(beide gehen ab)*

# 2. Akt
## Die Verwandlung des Kaspers
*(vor Hintergrundbild Wald)*

**Kasper:**  Jetzt müssten wir doch bald da sein!

**Prinzessin:**  Irgendwie habe ich das Gefühl, dass wir beobachtet werden.

**Kasper:**  Pssst.
*(flüstert)*
Ich glaube, ich hab was gesehen.

**Hase:**  *(ist etwas am Bühnenrand zu sehen)*

**Kasper:**  Moment mal!
*(schleicht zum Hasen hin, schnappt ihn und zieht ihn auf die Bühne)*
Na so was, der Osterhase persönlich!

**Hase:**  *(stottert ängstlich)*
Hahahallooo, tutut mir bibitte nichts!

**Prinzessin:**  Wir wollen dir gar nichts tun. – Aber sag mal, was ist dieses Jahr mit den Ostereiern passiert?

**Hase:**     *(traurig)*
Die sind noch nicht fertig.

**Kasper:**   Was, die sind noch nicht fertig? Dann aber flott! Los, komm, wir helfen dir schnell! Die Kinder warten doch!!!

**Hase:**     Nein, das ist viel zu gefährlich! Wir müssen uns verstecken!

**Kasper:**   Warum denn das?

**Hase:**     *(stottert)*
Weiweiweil ddie Hexe hier im Wawald ist. Ich hahab sie selber gesehehen. – Deswegen habe ich mich auch versteckt. Sonst verzaubert sie mimich nononoch!

**Prinzessin:** *(streicht dem Hasen über den Kopf)*
Du bist ja ganz verängstigt!

**Kasper:**   Aber du kannst doch nicht einfach die Kinder im Stich lassen! Die warten doch auf ihre Ostereier!
Pass auf! Ich hab eine Idee. Die Prinzessin geht mit dir und hilft dir, die restlichen Eier fertig zu malen. Dann bist du nicht so alleine. Ich kümmere mich in der Zeit um die Hexe.

**Prinzessin:** Ja komm, ich passe schon auf dich auf!
*(zieht den Hasen mit von der Bühne)*

**Kasper:**   Immer wieder die Hexe. Ob die wohl nur Unsinn im Kopf hat? Aber ich werde sie schon finden!
*(geht auf der einen Bühnenseite ab, auf der anderen taucht die Hexe auf)*

**Hexe:**     *(hat ein Zauberbuch in der Hand)*
Kinder, habt ihr irgendwo den Kasper gesehen? – So langsam müsste er mir doch mal über den Weg laufen. – Guckt mal, Kinder!
*(hält das Buch hoch)*
Ich habe mir extra ein neues Hexenbuch besorgt. Jetzt kann ich mich endlich am Kasper rächen. – So oft hat er mich schon gefangen und arbeiten lassen. Stellt euch das nur vor! – Eine Hexe und arbeiten! Alle haben mich ausgelacht. – Aber jetzt wird er dafür büßen! Ihr werdet schon sehen. Ich will ihn nämlich in ein Krokodil verzaubern. Jawohl, das tue ich! – Pssst, ich glaube, da kommt jemand.
*(versteckt sich am Bühnenrand)*

**Kasper:**   *(taucht auf der anderen Bühnenseite auf)*
Wo ist denn nur diese dumme Hexe? Ich kann sie nirgendwo finden.

**Hexe:**     *(tritt hervor)*
Hier bin ich! Komm doch näher, wenn du dich traust.
*(redet leise und schnell, während der Kasper auf sie zukommt)*

Krokudusedasedil –
großes Maul, doch red nicht viel –
sei ab jetzt ein Krokodil! Ziwutsch!

**Kasper:** *(verschwindet nach unten, stattdessen taucht das Krokodil an seiner Stelle auf und schaut sich um)*

**Hexe:** Ha, es hat geklappt! Seht ihr Kinder? Ich habe es geschafft! Hihihi, ist der Kasper jetzt nicht schön?

**Krokodil:** *(schnappt nach ihr und spricht mit Kaspers Stimme)*
Zaubere mich sofort wieder zurück!

**Hexe:** Hihihihi, da kannst du lange warten. Meinetwegen bis du schwarz wirst! *(geht ab)*

**Krokodil:** Ojeoje. Kinder, erkennt ihr mich denn noch? – Sehe ich schlimm aus? Ojeoje, was mache ich jetzt bloß? Habt ihr eine Idee?

**Kinder:** *(Kinder erzählen lassen)*

**Krokodil:** Vielleicht könnt ihr Kinder mich ja zurück zaubern!
*(lässt mutlos den Kopf hängen)*
Nein, das geht ja nicht. Ihr habt ja kein Zauberbuch und keinen Zauberstab!
*(hebt den Kopf und guckt zu den Kindern)*
Halt, Moment mal! Bei der Großmutter auf dem Dachboden liegt ja noch der Hexenbesen. Den habe ich damals selber dort versteckt. Damit habt ihr doch schon mal gezaubert. Könnt ihr euch erinnern? Nein, aber ich weiß noch ganz genau wie es geht. – Wenn ich den Besen hole, zaubert ihr mich dann zurück?

**Kinder:** *(antworten)*

**Krokodil:** Versuchen können wir es ja mal. Ich mache mich sofort auf den Weg.
*(geht ab)*

# 3. Akt
## Der Förster und das verzauberte Krokodil
*(vor Hintergrundbild Wald)*

**Förster:** Heute ist es ja so ruhig im Wald. Das ist meistens verdächtig. Ich habe noch gar keine Tiere gesehen. Irgendetwas stimmt hier nicht.

**Krokodil:** *(taucht auf)*

**Förster:** Da! Ein Krokodil in unserem Wald! Kinder, seht ihr es auch?

**Krokodil:** Nein, nein! Ich bin der Kasper! Fragen Sie die Kinder, die wissen das auch, nicht wahr?

**Kinder:** *(antworten)*

**Förster:** So ein Quatsch! Das könnt ihr meiner Großmutter erzählen. – Ich habe doch Augen im Kopf. – Ich muss sofort die Polizei holen. Das Ungeheuer muss gefangen und eingesperrt werden. Das ist ja gefährlich!

**Kasper:** Herr Förster, glauben Sie mir doch. Ich bin der Kasper, nur eben verzaubert!

**Förster:** Unsinn, du kannst mir viel erzählen! Und ihr, Kinder, kauft euch mal eine Brille! Das ist ein Krokodil und das muss hier verschwinden.
*(geht ab)*

**Krokodil:** Oje, oje, hoffentlich hält der Herr Wachtmeister gerade seinen Mittagsschlaf.

**Prinzessin:** *(kommt mit einem Pinsel in der Hand auf die Bühne, sieht das Krokodil und weicht zurück)*
Hilfe, ein Krokodil! Ausgerechnet jetzt ist der Kasper nicht da! Was mache ich bloß?
*(ruft laut)*
Kasper, Kasper, bist du in der Nähe? Hilfe!

**Krokodil:** *(kommt langsam näher)*
Du brauchst keine Angst zu haben. Erkennst du mich denn nicht? Ich bin doch der …

**Prinzessin:** *(unterbricht)*
Halt! Komm mir nicht zu nahe! Lass mich in Ruhe!
*(dreht sich um und rennt weg)*
Hilfe, Hilfe, ein Krokodil!
*(geht ab)*

**Krokodil:** Ich glaube, es wird höchste Zeit, dass ich den Besen hole. Sonst werde ich noch eingesperrt. – Bis gleich, Kinder – und denkt euch schon mal einen guten Zauberspruch aus, bis ich wiederkomme.
*(geht ab und taucht nach kurzer Zeit mit dem Besen wieder auf)*
Puh, da ist der Hexenbesen. Stellt euch vor, sogar die Großmutter hat mich nicht erkannt. Hoffentlich hört das bald auf. Ich möchte wieder wie der Kasper aussehen. – Wisst ihr schon einen Zauberspruch?

**Kinder:** *(antworten)*

**Kasper:** *(hört den Kindern zu und greift einen Spruch auf oder schlägt einen vor)*
Wie findet ihr den Spruch:
Krokodil sein ist nicht schön,
den Kasper wolln wir wieder sehn!
Ist der gut? Dann nehme ich jetzt den Hexenbesen in die Hand, und
wir sagen den Spruch alle zusammen. Einverstanden? Mal sehen ob
was passiert. Ich zähle am besten bis 3 und dann los. 1 – 2 – 3:

**alle:** Krokodil sein ist nicht schön,
den Kasper wolln wir wieder sehn.
*(das Krokodil taucht unter und der Kasper auf)*

**Kasper:** Na, hat es geklappt?
*(guckt an sich herunter)*
Ich sehe wirklich nicht mehr aus wie ein Krokodil! Gott sei Dank!
Vielen Dank, Kinder, für eure Hilfe. – Jetzt geht es der Hexe aber an
den Kragen! Wenn ich die erwische ... Zuerst hole ich meinen großen Sack und ein Seil, und dann geht's los. Das hat ja schon öfter geklappt!
*(geht ab)*

# 4. Akt
## Kasper erwischt die Hexe
*(vor Hintergrundbild Wald)*

**Hexe:** So, wen könnte ich denn jetzt noch verzaubern? Mit dem Kasper hat
es ja schon gut geklappt, hihihi! Mal sehen, wer mir noch über den
Weg läuft.

**Kasper:** *(schleicht sich von hinten mit dem Sack an und stülpt ihn ihr über den
Kopf)*

**Hexe:** *(mit erstickter Stimme)*
Was ist das denn? Ich kann nichts mehr sehen! Hilfe, ich kriege keine
Luft mehr! Loslassen!

**Kasper:** Das könnte dir so passen. Schrei ruhig, so viel du willst. Es nützt dir
doch nichts!

**Hexe:** Das kann doch nicht wahr sein! Die Stimme hört sich so nach Kasper
an. Aber das ist doch nicht möglich ... ich ...

**Kasper:** *(unterbricht sie)*
Genau, ich bin's. Und du hast zum letzten Mal Unsinn gemacht.
*(wickelt die Hexe mit dem Seil ein)*

**Hexe:** Wie hast du es geschafft, dich wieder zurück zu verwandeln, he? Schrecklich ist das mit dir! Nie lässt du mich in Ruhe. Ich will hier raus!

**Kasper:** Nix da! Du wirst jetzt fein säuberlich verschnürt und dann bringe ich dich höchstpersönlich zum Bahnhof. Von da aus schicke ich dich mit dem Zug weit weg. Am besten nach Afrika. Oder, Kinder, habt ihr eine bessere Idee?

**Kinder:** *(antworten)*

**Kasper:** *(greift Vorschläge auf)*
… Gut, so machen wir es!

**Hexe:** Nein, nein, ich will nicht!
*(leise)*
Aber zum Glück habe ich noch mein Hexenbuch. Gut, dass der Kasper das nicht gesehen hat. Dann kann ich mich bald wieder befreien.

**Kasper:** Jammer du nur. Das ist mir egal.
*(geht mit dem Sack im Schlepptau ab)*

# 5. Akt

## Kasper, Hase und Prinzessin retten das Osterfest
*(vor Hintergrundbild Wald)*

**Prinzessin:** *(hat in der Hand ein Ei, neben ihr steht ein Körbchen)*
So, jetzt sind alle Eier fertig! – Wo nur der Kasper bleibt? Hoffentlich taucht das Krokodil nicht noch mal auf.
*(legt das Ei in das Körbchen)*

**Hase:** *(taucht auch mit einem Ei auf)*
Wenn ihm nur nichts passiert ist! Stell dir nur vor, wir wollen die Eier verstecken und die Hexe bemerkt uns. Dann verzaubert sie mich und dich, und die Kinder, und dann …

**Prinzessin:** Sei doch nicht so ängstlich. Der Kasper schafft das schon!

**Kasper:** *(man hört ihn pfeifen, bevor er auf die Bühne kommt)*

**Prinzessin:**  Ich glaube, da kommt er schon. Hörst du es auch?

**Kasper:**  Hallo, zusammen. Da bin ich wieder! Seid ihr fertig?

**Prinzessin:**  Endlich bist du wieder da! Ist alles in Ordnung?

**Hase:**  Wir sind fertig.
*(legt sein Ei auch ins Körbchen)*
Aber was ist denn mit der Hexe?

**Kasper:**  Macht euch mal keine Sorgen! Die Hexe kann hier so schnell nichts mehr anstellen. Ich verspreche dir, sie stört dich nicht bei deiner Arbeit.

**Hase:**  Wirklich?

**Kasper:**  Ja, im Ernst! Du kannst die Kinder fragen. Stimmt's Kinder?

**Kinder:**  *(antworten)*

**Kasper:**  Kommt, jetzt wird es aber höchste Zeit, die Ostereier zu verstecken! Alle Kinder warten doch schon seit heute morgen. Wir helfen dir dabei, dann geht es schneller!

**Prinzessin:**  Ja gut, aber ich möchte auch welche bekommen!

**Hase:**  Sicher. Ihr bekommt dieses Jahr sogar ein extra dickes Osternest, weil ihr mich vor der Hexe gerettet habt. Sonst säße ich wahrscheinlich immer noch im Versteck und würde mich nicht hinaus trauen.

**Kasper:**  Juchhuu, das ist ja toll! Tschüss Kinder, wir haben noch viel Arbeit. Bis zum nächsten Mal!
*(geht winkend ab)*

**Prinzessin und Hase:** Auf Wiedersehen!
*(beide gehen ab)*


**Hinweis:** Wenn die Kinder im Anschluss an das Spiel ein Ostergeschenk bekommen sollen, kündigt der Hase das am Schluss an – als Belohnung für die Mithilfe!
Schön ist es auch, wenn die PuppenspielerInnen die Geschenke mit dem Kasper und dem Hasen auf der Hand verteilen.

# Hexenblasen – oder: Großmutters Geburtstag

Puppenspiel in 6 Akten zum Thema Geburtstag

**Es spielen:**
2 PuppenspielerInnen

**Es spielen mit:**
Kasper
Seppel
Hexe
Prinzessin
Hund

**Requisiten:**
Zauberbuch (s. S. 6)
Hexenbesen (s. S. 17)
1 Dose Seifenblasen
Schellenkranz (o. anderes Instrument)

**Kulisse:**
geschlossener Vorhang
Wald (Hintergrundbild)
Schloss (Hintergrundbild)

**Spielhinweise:**
Dieses Kasperlestück muss mit 2 Personen gespielt werden. Günstig ist folgende Puppenaufteilung:
**SpielerIn 1:** Kasper und Hexe
**SpielerIn 2:** Seppel, Hund, Prinzessin

Dieses Stück kann besonders gut im Anschluss an das Stück: „Sommerfest im Kindergarten" gespielt werden, da der Kasper dort der Hexe den Besen abnimmt, worauf in diesem Stück angespielt wird. – Die Handlung wird in dieser Geschichte fortgesetzt, kann aber auch für sich alleine aufgeführt werden.

Sollte im Puppenfundus kein **Hund** vorhanden sein, kann dieser auch weggelassen werden. In diesem Fall geht der Kasper alleine in den Wald, trifft dort die Prinzessin und fängt dann die Hexe mit einem Seil.

Als **Hexenbesen** wird am besten der gleiche Besen wie im angesprochenen Stück „Sommerfest im Kindergarten" benutzt.

Immer, wenn die **Hexenblasen** vorkommen, pustet am besten SpielerIn 2 Seifenblasen von der Bühne zu den Zuschauern, oder auf die betreffende Puppe. Gleichzeitig bewegt SpielerIn 1 den Schellenkranz, so dass ein leises Geräusch (das Zaubergeräusch) zu hören ist. Dieses Geräusch ertönt auch, wenn der Kasper mithilfe des Hexenbesens den Zauber rückgängig macht. Wer keinen Schellenkranz besitzt, kann auch ein anderes Instrument verwenden oder zwei Topfdeckel aneinander reiben.

Vor Spielbeginn ist es besonders wichtig, dass nicht nur die Puppen zurechtgelegt werden, sondern auch Seifenblasenflüssigkeit in ein standfestes Gefäß umgefüllt wird, so SpielerIn 2 die Blasen mit einer Hand herstellen kann.

Wer keine **Hintergrundbilder** malen möchte oder von anderen Stücken vorrätig hat, kann als Wald einige Tannenbäume aus Fotokarton ausschneiden und links und rechts an den Bühnenrand kleben (oder mit Klettverschluss befestigen). Auch das Schloss kann auf Pappe aufgemalt und an einer Bühnenseite festgeklebt werden.

Bei diesem Stück ist es besonders wichtig, dass die PuppenspielerInnen **auf die Kinder eingehen** und mit ihnen kommunizieren. Es kann z. B. gut sein, dass sie der Hexe etwas zurufen, worauf diese reagieren sollte. – Oder sie erzählen dem Kasper etwas, was dieser (falls es möglich ist) aufgreifen sollte.

Auch bei den **Zaubersprüchen** ist es wichtig, erst einige Sprüche der Kinder auszuprobieren. Wenn ein besonders origineller Spruch vorgeschlagen wird, kann dieser auch (statt des im Text angegebenen Spruches) als „der Richtige " verwendet werden.

Am **Schluss** sollte darauf geachtet werden, die Hexe nicht zu grausam zu bestrafen. Oft kommen von den Kindern die abenteuerlichsten Vorschläge (aus Fernseherfahrung). Ich würde aber lieber eine lustige, der Situation angemessene Strafe wählen, die dann auch gerne von den Kindern kommen darf.

# 1. Akt

## Die Hexe ist wieder da

*(vor geschlossenem Vorhang)*

**Seppel:**     Oh, hallo Kinder! Was macht ihr denn alle hier? Wartet ihr etwa auf den Kasper? Ja? Den suche ich auch gerade! Ich war schon bei der Großmutter. Die hat nämlich heute Geburtstag. Aber da ist er auch nicht. Ich muss ihm etwas ganz Wichtiges erzählen. Habt ihr ihn heute noch gar nicht gesehen? – Nein?

Vielleicht hört er uns ja, wenn wir ihn alle zusammen laut rufen. Seid ihr einverstanden? Also gut, ich zähle bis 3 und dann los! 1 – 2 – 3 …

| | |
|---|---|
| **alle:** | Kasper! |
| **Seppel:** | Ich glaube, das war noch zu leise. Könnt ihr das noch lauter? Dann noch einmal: 1 – 2 – 3 … |
| **alle:** | Kaaaaspeeer! |
| **Kasper:** | Hat mich da jemand gerufen? <br> *(kommt auf die Bühne)* <br> Ach, guten Tag Seppel, guten Tag Kinder. Habt ihr so laut gerufen? Ich habe gerade noch Großmutters Geschenk eingepackt. |
| **Seppel:** | Hallo Kasper, gut dass du da bist. Stell dir vor, ich habe heute im Wald die Hexe gesehen. Sie ist wieder da! |
| **Kasper:** | Was, die Hexe? Die haben wir doch beim letzten Mal erst weggejagt. Hahaha, das war lustig. Wir haben ihr doch den Hexenbesen weggenommen und sie musste den ganzen Weg nach Hause laufen. Hahaha … |
| **Seppel:** | Ja, und ich weiß noch genau, wie sie geschimpft hat. |
| **Kasper:** | Der Besen liegt immer noch sicher bei der Großmutter auf dem Dachboden. Ich glaube, das war der Hexe eine Lehre und sie hat genug vom Hexen. |
| **Seppel:** | Ja, meinst du? Ich weiß nicht recht. – Kinder, was meint ihr? – Ist die Hexe nicht mehr gefährlich? – Oder soll der Kasper lieber doch mal nachsehen? |
| **Kinder:** | *(antworten)* |
| **Seppel:** | Stimmt und die Großmutter können wir ja nachher immer noch besuchen. |
| **Kasper:** | Na, wenn es dich und die Kinder beruhigt, kann ich ja mal nach dem Rechten sehen. Los komm, Seppel! |
| **Seppel:** | Was, ich soll mit? Ist das nicht ein bisschen gefährlich? |
| **Kasper:** | Wer hat denn die Idee gehabt? Also, stell dich nicht so an und komm mit! <br> *(zieht ihn von der Bühne)* |

# 2. Akt

## Seppel wird verzaubert

*(vor Hintergrundbild Wald)*

**Hexe:** Hihihihihi … Was bin ich doch für eine schlaue Hexe! – Und bald bin ich Oberhexe, jawohl! Alle anderen werden sich noch wundern. Ha, der Kasper wird Augen machen! – Und der Seppel und …
*(blickt sich im Publikum um)*
Oh, seid ihr nicht die Kinder, die immer dem Kasper helfen? – Ha, jetzt ist Schluss damit! Ich werde mich an dem Kasper und der Prinzessin und dem Seppel rächen – und an euch und überhaupt! Schon wieder hat mich keiner eingeladen. Alle gehen zu Großmutters Geburtstag, nur ich nicht. Genau wie damals beim Sommerfest. Aber ihr werdet euch alle noch wundern! Ich habe in einem uralten Hexenbuch einen ganz vergessenen Zauber gefunden. – Und nachher fahre ich zum Hexentreffen. Wenn die anderen Hexen mein Kunststück sehen, werde ich bestimmt zur Oberhexe gewählt. Hihihi, wollt ihr meine neue Hexerei mal sehen? Ooooh, ich habe Hexenblasen erfunden. – Kennt ihr Hexenblasen? – Natürlich nicht, sie sind ja auch ganz neu. Passt auf:
Schlangengift und faules Ei
Ene mene 1 – 2 – 3
Hexenblasen kommt herbei!
*(Seifenblasen von der Bühne zum Zuschauerraum blasen. Gleichzeitig als Zaubergeräusch den Schellenkranz leicht schütteln)*
Seht ihr sie? Meine Hexenblasen? Und jeder, dem so eine Blase auf den Kopf fällt, der bekommt Hexengedanken! Hihihi, viele, viele schlechte Gedanken! – Und dann hört er nur noch auf mich und macht, was ich will. – Das wird ein Spaß! Zuerst verzaubere ich den Kasper! Der hat es verdient. – Ich verstecke mich jetzt hier an der Ecke und warte, bis er vorbeikommt.
*(versteckt sich am Bühnenrand, Kasper und Seppel kommen von der anderen Seite her auf die Bühne)*

**Kasper:** Na, Seppel, wo ist denn die Hexe? Weit und breit nicht zu sehen!

**Seppel:** Ich weiß auch nicht.
*(guckt sich um)*
Vorhin war sie noch da!

**Hexe:** *(man hört sie leise sprechen)*
Schlangengift und faules Ei
Ene, mene, 1 – 2 – 3
Hexenblasen kommt herbei!
*(Seifenblasen in Richtung Seppel blasen, der auch einige abbekommt –
den Kasper trifft keine!!)*

**Kasper:** Oh, was ist das? Das sieht aber schön aus.
*(wenn die Kinder von der Hexe erzählen, geht er darauf ein: Was sagt ihr?
Stimmt das wirklich? So was hab ich ja noch nie gehört.)*

**Seppel:** Oh, mir wird so komisch! – Ich hab auf einmal Lust, die jungen
Bäume im Wald auszureißen. Ha, das macht sicher Spaß! Warum bin
ich da nicht eher drauf gekommen?

**Kasper:** Was sagst du denn da? – Bist du krank?

**Seppel:** Nein, mir geht es gut. – Da fällt mir ein, ich muss gleich auch noch
meine Freundin, die Hexe, besuchen. Sie ist doch immer so lieb zu
uns. Vielleicht kann ich ihr ein Stück von Omas Geburtstagskuchen
bringen.

**Kasper:** Sagt mal Kinder, ist der Seppel jetzt verrückt geworden?

**Kinder:** *(antworten und erzählen von den Blasen)*

**Kasper:** So, so.
*(fühlt an Seppels Stirn)*
Vielleicht hast du ja auch Fieber? Jedenfalls bringe ich dich besser
zur Großmutter. Die kann auf dich aufpassen und dir Kamillentee
kochen. Dann kannst du wenigstens keinen Unsinn machen.

**Seppel:** Nein, nein, nicht zur Großmutter! Lieber zur Hexe!
*(Kasper hält ihn fest, aber er wehrt sich)*
Außerdem will ich doch noch ein paar Bäume ausreißen. Lass mich
los!

**Kasper:** Hier geblieben! Du weißt ja nicht, was du willst. Leg dich lieber ins
Bett. Komm jetzt mit!
*(zieht ihn von der Bühne)*

# 3. Akt

## Die Hexe freut sich

*(vor geschlossenem Vorhang)*

**Hexe:**     Haha, der Seppel hört schon auf mich und den Kasper erwisch ich bestimmt auch noch. Der kommt sicher wieder. – Hihihi, bald werden alle nur noch das machen, was ich ihnen befehle.
*(zeigt auf die Kinder)*
Ihr auch!

# 4. Akt

## Kasper leiht sich Waldi aus

*(erst vor geschlossenem Vorhang,
später vor Hintergrundbild Wald)*

**Kasper:**     *(mit dem Hexenbesen)*
So, Kinder, der Seppel ist bei der Großmutter und ich habe den Hexenbesen vom Speicher geholt. Vielleicht können wir ihn nachher noch brauchen. Was meint ihr?
Mit dem Besen kann man doch auch zaubern, oder? – Wir müssen uns nur noch einen guten Zauberspruch einfallen lassen, dann wird der Seppel sicher wieder normal. – Ihr könnt ja schon mal überlegen. Aber zuerst muss ich die Hexe finden. Aber wie?
*(überlegt)*
Hmmm …
*(fragt die Kinder)*
Soll ich mal die Prinzessin fragen, ob die mir ihren Hund ausleiht? Vielleicht findet der ja die Spur der Hexe. Hunde haben doch eine gute Nase.

**Kinder:** *(antworten)*

**Kasper:** Ja? Gut, dann gehe ich jetzt zum Schloss.
*(geht vom rechten zum linken Bühnenrand und summt dabei vor sich hin.)*

*(Gleichzeitig öffnet sich der Vorhang und man sieht im Hintergrund das Schloss.)*

**Kasper:** So, da bin ich. Kinder, ruft doch bitte mal die Prinzessin.

**Kinder:** Prinzessin!

**Prinzessin:** Ich komm ja schon. Guten Tag Kinder, guten Tag Kasper! Ist was passiert? Ich wollte gerade zur Großmutter. Hast du etwa ihren Geburtstag vergessen?

**Kasper:** Nein, aber die Hexe ist wieder aufgetaucht und hat den Seppel verhext. Er ist ganz wunderlich im Kopf. Stimmt's, Kinder?

**Kinder:** *(antworten)*

**Kasper:** Ich muss die Hexe unbedingt finden, bevor sie noch mehr Unheil anrichtet. Dafür wollte ich mir deinen Waldi ausleihen. Er kann mir bestimmt beim Suchen helfen.

**Prinzessin:** Ja natürlich bekommst du meinen Hund. – Aber mich musst du auch mitnehmen.

**Kasper:** Aber Prinzessin, das ist doch viel zu gefährlich!

**Prinzessin:** Du weißt doch genau, wie sehr ich Abenteuer liebe. Außerdem hört Waldi auf mich viel besser als auf dich, weil er mich besser kennt.

**Kasper:** Na gut, dann komm halt mit.

**Prinzessin:** Au fein!
*(ruft)*
Waldi, Waldi komm her, es gibt Arbeit für dich!

**Waldi:** *(kommt bellend auf die Bühne)*

**Kasper:** *(streichelt ihn)*
Braver Hund.
*(hält ihm den Besen hin)*
Komm, riech mal hier an dem Besen.

**Prinzessin:** Such, such die Spur!

**Waldi:** Wau wau wau
*(läuft schnüffelnd los, Kasper und Prinzessin hinterher)*

# 5. Akt

## Verzauberung der Prinzessin

*(vor Hintergrundbild Wald)*

**Waldi:** *(bellt wie wild)*

**Kasper:** Ich glaube, die Hexe ist in der Nähe.
*(zur Prinzessin gewandt)*
Bleib du hier und rühre dich nicht vom Fleck. Ich gehe mal nachsehen.

**Waldi:** *(schnuppert weiter und bellt)*

**Kasper:** Ja, ja ich komm ja schon!

*(Kasper und Waldi gehen ab)*

**Hexe:** *(bleibt versteckt, man hört nur leise ihre Stimme)*
Schlangengift und faules Ei
Ene mene  1 – 2 – 3
Hexenblasen kommt herbei!
*(Schellenkranz als Zaubergeräusch leise schütteln und Seifenblasen auf die Prinzessin pusten)*

**Prinzessin:** Oh, das sind aber schöne Blasen!
*(greift danach  und geht auf eventuelle Warnungen der Kinder nicht ein)*
Mir wird plötzlich so schwindelig. – Ich glaube, die Hexe hat mich gerufen. Ich muss sie suchen.

**Hexe:** *(taucht auf)*
Hier bin ich, mein Täubchen. Komm mit zu mir, du musst noch mein Haus aufräumen und putzen und kochen. Hihihi …

**Prinzessin:** Das mach ich doch gerne.

**Hexe:** Ich muss jetzt zu meinem Hexentreffen. Mein Hexenbuch muss ich noch mitnehmen. Das ist wichtig.
*(holt es hervor)*
Wenn ich wiederkomme, bringe ich dir auch ein bisschen Zaubern bei. Wir müssen ja noch den Kasper und alle Kinder hier verzaubern. Und die Großmutter und den Polizisten und den König. Du kannst mir dabei helfen. Ich kann es kaum noch erwarten, hihihi. Dann hört ihr alle nur noch auf mich. Ihr werdet schon sehen.

**Prinzessin:** Au ja, das macht bestimmt Spaß! – Tschüss, liebe Hexe, und pass gut auf dich auf.
*(winkt ihr nach, die Hexe geht ab)*

**Kasper
und Waldi:** *(kommen an)*

**Waldi:** *(bellt und läuft zur Prinzessin)*

**Prinzessin:** Ach lass mich in Ruhe, blöder Hund! Ich hab keine Zeit. Ich muss noch bei der Hexe das ganze Haus sauber machen. Geh weg!
*(Hund geht ab)*

**Kasper:** Prinzessin, wie redest du denn? War vielleicht die Hexe hier?

**Prinzessin:** Ja, aber nur kurz, weil sie zum Hexentreffen musste. Ich bringe solange ihr Haus in Ordnung. Du störst mich!

**Kasper:** Kinder, was ist nur passiert, als ich weg war?

**Kinder:** *(erzählen)*

**Kasper:** Soso, diese dummen Blasen schon wieder. – Aber wir haben zum Glück ja den Besen. Vielleicht können wir den Zauber damit unwirksam machen. Sollen wir es mal probieren? – Ist euch denn schon ein guter Zauberspruch eingefallen?

**Kinder:** *(antworten, Kasper lässt sie Sprüche aufsagen)*

**Kasper:** Hm, ich glaube, das Zaubergeräusch fehlt noch. Solange wir das nicht hören, wirkt der Spruch nicht.
*(greift die Ideen der Kinder auf oder macht einen Vorschlag)*
Moment, da fällt mir gerade etwas ein. Wie wäre es denn mit diesem? Spinnenbein und Krötendreck
runder Mond und Ochsendreck
Hexenblasen sind jetzt weg!
Findet ihr den gut? Dann zähle ich bis drei und wir sagen ihn alle zusammen.
*(hält den Besen hoch)*
1 – 2 – 3 ...

**alle:** Spinnenbein und Krötendreck
runder Mond und Ochsendreck
Hexenblasen sind jetzt weg!

*(das Zaubergeräusch ist zu hören)*

**Kasper:** Da! Da ist das Geräusch wieder! Habt ihr es auch gehört? Juchhuuu, wir haben es geschafft!

**Prinzessin:** Oh, mein Kopf! Kasper, hast du die Hexe schon gefangen? Ich kann mich an gar nichts mehr erinnern.

**Kasper:** Gut, dass du wieder normal bist. Die Hexe hat dich mit ihren Hexenblasen verzaubert. Du wolltest doch tatsächlich ihr Haus sauber machen!

**Prinzessin:** Was? Oje, oje – Kinder, ist das wirklich wahr?

**Kinder:** *(antworten)*

**Kasper:** Aber jetzt brauchst du keine Angst mehr haben. Sie kann Blasen machen, so viel sie will. Das macht nichts mehr aus. Die Kinder und ich haben den Zauber durch einen eigenen Zauberspruch und den Hexenbesen unwirksam gemacht. Stimmt's Kinder?

**Prinzessin:** Das ist gut. Dann komm! Lass uns schnell hier verschwinden! Die Großmutter wartet doch.

**Kasper:** Halt, erst müssen wir die Hexe noch bestrafen. Was meint ihr, Kinder?

**Kinder:** *(machen Vorschläge)*

**Kasper:** Außerdem haben die Kinder mir erzählt, sie hätte noch ein Hexenbuch. Damit kommt sie bloß wieder auf dumme Gedanken.

**Prinzessin:** Das stimmt. Das Buch habe ich gesehen.

**Kasper:** Das müssen wir ihr unbedingt wegnehmen!

**Prinzessin:** Aber wie?

**Kasper:** *(zur Prinzessin gewandt)*
Pass auf! Du tust jetzt einfach so, als wärst du noch verzaubert und würdest auf die Hexe hören. Versuche, das Hexenbuch zu bekommen. Sobald du es hast, rufst du mich mit den Kindern ganz laut. Waldi und ich verstecken uns in der Nähe.
*(zu den Kindern gewandt)*
Aber Kinder, ihr dürft nichts verraten!
*(pfeift und ruft)*
Waldi, komm her zu mir!
*(der Hund kommt)*

**Prinzessin:** Gut, wir rufen dich. Aber erst, wenn ich das Buch habe.

*(Kasper und Hund ab)*

**Hexe:** *(wütend)*
So ein Mist! Ich möchte nur mal wissen, was beim Hexentreffen schief gegangen ist. Warum hat es nur nicht geklappt? Die schönsten Blasen habe ich gemacht, aber nichts ist passiert. Nichts! Nicht einmal ein Zaubergeräusch hat es gegeben. Das verstehe ich nicht. Hier hat doch noch alles geklappt. Sie haben mich ausgelacht! Jawohl! Aber das wird ihnen noch leid tun.

**Prinzessin:**    Hattest du Ärger? Das tut mir aber leid.

**Hexe:**    Wenigstens du hörst noch auf mich. Sieh dir das an.
Schlangengift und faules Ei
Ene mene  1 – 2 – 3
Hexenblasen kommt herbei!
*(Seifenblasen fliegen zu den Kindern)*
Guck, so schöne Blasen, aber kein Zaubergeräusch.
*(zu den Kindern)*
Los Kinder, schlagt euch, kratzt euch, beißt und tretet euch! Na wird's bald? Los jetzt! – Nichts passiert. Keiner hört auf mich. – Was habe ich nur falsch gemacht?

**Prinzessin:**    Vielleicht klappt es bei mir besser. Du wolltest mir doch das Zaubern beibringen. Wie war der Spruch noch? Darf ich mal in dein Hexenbuch gucken?

**Hexe:**    *(gibt es ihr)*
Na ja, probieren können wir es ja mal. Schlag mal die zwölfte Seite auf und lies, was da steht.

**Prinzessin:**    *(leise)*
Los, Kinder – jetzt!

**alle:**    Kasper, Waldi!
*(beide kommen auf die Bühne)*

**Hexe:**    Was soll das denn schon wieder?

**Prinzessin:**    Los, Waldi – fass!

**Waldi:**    *(bellt laut und packt die Hexe)*

**Hexe:**    Lass das! Immer, wenn der Kasper auftaucht, gibt es Ärger! Lass mich sofort los!

**Kasper:**    Gib auf, Hexe. Wir haben jetzt dein Zauberbuch und den Besen. Außerdem denken wir uns jetzt eine Strafe für dich aus, damit du uns in Zukunft endlich in Ruhe lässt. Hat sie das verdient, Kinder?

**Hexe:**    Nein, nein! Nicht schon wieder! Du solltest mal die Kinder bestrafen, nicht immer nur mich!

**Kasper:**    Kinder, was sollen wir mit ihr machen?

**Kinder:**    *(antworten)*

**Kasper:**    *(hört sich die Vorschläge an und greift einen davon auf oder schlägt etwas vor)*
Ich habe eine Idee! Die Hexe könnte doch in den nächsten Tagen bei euch im Kindergarten (in der Schule, im Haus o. Ä.) putzen. Unser Waldi kann aufpassen, dass sie nicht wegläuft. Was meint ihr?
*(streichelt den Hund, der kurz bellt)*
Kinder, ihr helft doch aufzupassen, oder?

**Prinzessin:**    Das ist eine gute Idee. Und wenn sie damit fertig ist, kann sie bei der Großmutter weitermachen. Das ist ein schönes Geschenk für sie.

**Hexe:**    Nein, bloß nicht! Ich bin doch keine Putzfrau! Hexen putzen überhaupt nie! Lasst mich doch in Ruhe!

**Kasper:**    Das Jammern nützt dir nichts. Komm schon mit.

*(Kasper und Waldi ziehen die schimpfende Hexe von der Bühne. Die Prinzessin geht mit ab.)*

**Kasper:**    Wir besorgen dir einen Besen, Lappen und Eimer. Dann kannst du gleich anfangen.

# Schluss

*(vor geschlossenem Vorhang)*

**Kasper:**    *(kommt noch einmal zurück)*
So, das hätten wir geschafft! Jetzt muss ich aber unbedingt zur Großmutter und nachschauen, ob der Seppel auch wieder normal im Kopf ist. Den Hexenbesen und das Hexenbuch verstecke ich am besten noch mal bei der Oma auf dem Dachboden. Vielleicht können wir sie ja noch einmal brauchen.
*(zu den Kindern)*
Pssst, aber nicht verraten. Das bleibt unser Geheimnis, einverstanden?

**Kinder:**    *(antworten)*

**Kasper:**    *(reibt sich den Bauch)*
Jetzt habe ich mir aber ein großes Stück Geburtstagskuchen verdient. Und eine Extraportion Schlagsahne dazu. Die Großmutter wird staunen, wenn sie meine neueste Geschichte hört.
Also tschüss Kinder, bis zum nächsten Mal! Und vielen Dank für eure Hilfe.
*(geht winkend ab)*

# Räuberurlaub

### Puppenspiel in 3 Akten zum Thema Verreisen

**Es spielen:**
2 PuppenspielerInnen

**Es spielen mit:**
Kasper
Gretel
Großmutter
Räuber

**Requisiten:**
Sparschwein oder zugebundenes Säckchen
3 Fahrscheine (kleine bedruckte Blätter)
Jacke oder anderes Kleidungsstück von
    Puppen
Kissen aus dem Puppenbett oder
    zusammengefaltetes Tuch
Karton
Geschenkpapier und Schleifenband
Mausefalle (Holzstück mit Gummiband)
    Kochlöffel
möglichst dickes Seil

Als **Fahrscheine** Stücke aus einer Illustrierten ausschneiden oder farbiges Tonpapier selber beschreiben.

Wenn kein **Sparschwein** vorhanden ist, stellt man ein Säckchen her, indem man ein Tuch an allen 4 Ecken hochnimmt und mit einem Band zubindet. Es sieht gefüllt aus, wenn es mit etwas Stoff oder Papier ausgestopft wird. Für die **Mausefalle** wird einfach ein Gummi an einem flachen Stück Holz befestigt.

**Kulisse:**

geschlossener Vorhang
    oder Hintergrundbild Stadt
Hintergrundbild Wohnung
geschlossener Vorhang

**Spielhinweise:**

Für das Spiel sind zwei SpielerInnen nötig, da am Schluss drei Figuren gleichzeitig auftreten.

Günstig ist folgende Puppenaufteilung:

**SpielerIn 1:** Kasper und die Großmutter
**SpielerIn 2:** Gretel und Räuber.

Eine Person könnte auch alleine spielen, wenn am Schluss des 3. Aktes der Räuber vom Kasper mit festgehalten wird und, sobald die Gretel auftritt, die zweite Hand vom Räuber zur Gretel wechselt. Am Ende bleibt der Räuber dann liegen, bis Kasper und Gretel die Bühne verlassen haben. Einfacher ist das Spiel jedoch mit zwei SpielerInnen.

Der **Geschenkkarton** wird schon vor dem Spiel fertig eingepackt und mit der Mausefalle gefüllt. Wichtig ist, dass er nur von dem Band zusammengehalten wird, das mit einer Schleife gebunden ist. So braucht der Räuber nur an einem Ende ziehen und Schleife sowie Karton gehen auf.

Wenn der Räuber in den Karton greift, schiebt er eine Hand durch das Gummi, so hält die **Mausefalle** an seiner Hand fest. Der Kasper braucht sie später nur abziehen.

Am Schloss muss der Kasper den **Räuber fesseln** und festbinden. Dazu wickelt er das Seil um ihn und hängt es an den Haken, mit dem der Vorhang am Bühnenrand festgemacht wird. Ist diese Vorrichtung nicht vorhanden, kann dort ein Nägelchen eingeschlagen werden, oder der Kasper tut nur so, als bände er das Seil fest und legt das Ende auf den Bühnenrand.

Wenn der Kasper das Geld und die Fahrscheine in den Taschen des Räubers sucht, tut er nur so und SpielerIn 2 gibt ihm die Sachen von unten in Höhe des Räubers hoch.

**Spielverlängerung:** Sollte das Stück zu kurz sein (z. B. für ältere Kinder), kann die Handlung noch etwas weitergesponnen werden. Dann versteckt sich der Räuber in Großmutters Koffer und fährt so doch noch mit in Urlaub. – Vor dem letzten Bild (mit Hintergrund Berge) muss der Räuber alle Wanderungen mitmachen, sonst bekommt er nichts zu essen. Zur Strafe muss er zu Fuß nach Hause laufen, weil er keine Fahrkarte hat.

# 1. Akt

## Kasper besorgt Fahrkarten für die Reise

*(vor geschlossenem Vorhang)*

**Kasper:** *(man hört ihn schon hinter der Bühne singen)*
Das Wandern ist des Müllers Lust, das Wandern ist des Kaspers Lust, das Wahandern …
Hallo Kinder! Oh, ihr seid aber noch viele – ich dachte, ihr wäret alle schon in Urlaub. – Stellt euch mal vor: Dieses Jahr fahren wir auch weg! Die Großmutter war noch nie in den Bergen und da haben wir alle fleißig gespart und ich hab sogar früh morgens die Zeitungen ausgetragen, damit ihr Wunsch endlich einmal in Erfüllung gehen kann. Ich freue mich ja so! Wart ihr auch schon mal in den Bergen? Die Gretel fährt auch mit. – Gleich gehe ich zum Bahnhof und kaufe unsere Fahrkarten.

**Gretel:**   *(taucht auf)*
Kasper …
*(bemerkt die Kinder)*
Ach hallo Kinder! Ich bin ja so aufgeregt!
*(zu Kasper gewandt)*
Hast du genug Geld für die Fahrkarten?
*(reicht ihm ein Sparschwein oder ein Säckchen)*
Guck mal, ich habe für den König das ganze Schloss geputzt und
eingekauft. Das Geld ist auch noch für unseren Urlaub.

**Kasper:**   Das ist ja toll! Dann haben wir auch noch Taschengeld. Ich bin
gleich wieder da! Und zwar mit den Karten!
*(geht ab)*

**Gretel:**   Kinder, was macht ihr dieses Jahr im Urlaub?

**Kinder:**   *(erzählen)*

**Gretel:**   Hach ist das schön! Ward ihr schon mal in den Bergen? Wir wollen
ganz viel wandern, aber auch faulenzen und vielleicht in einem See
schwimmen. Das wird bestimmt ganz toll!

**Kasper:**   *(hält die Fahrkarten hoch)*
Hier, ich hab sie! Und es ist noch genug Geld übrig für Eis und Kuchen.

**Gretel:**   Dann lass uns alles zur Großmutter bringen und schon mal ein
bisschen packen.

**Kasper:**   Ist gut, komm Gretel!

  *(beide gehen ab)*

**Räuber:**   *(lauert versteckt am Bühnenrand)*
Sind sie weg?
*(schaut sich um und kommt hervor)*
Habt ihr das gehört? Die fahren tatsächlich in Urlaub. So eine Ge-
meinheit! Ich war in meinem ganzen Leben noch nicht in Urlaub! –
Was meint ihr, Kinder, ob die mich wohl mitnehmen?

**Kinder:**   *(erzählen)*

**Räuber:**   Ich glaube es ja auch nicht. Außerdem habe ich gar kein Geld.
Hm, aber wozu bin ich denn ein Räuber? Bei der Großmutter kann
ich doch leicht einbrechen. Die hört ja sowieso nicht mehr gut. Ich
muss nur warten, bis Kasper und Gretel nach Hause gehen, und
dann … – schwupps! Haha, ich schnappe mir das Geld und dann
fahre ich in die Berge und esse Eis! Wird das ein Spaß und fette
Räuberbeute! Hohoho …

# 2. Akt

## Der Räuber macht fette Beute

*(vor Hintergrundbild Wohnung)*

**Großmutter:** *(hält Jacke oder Kleid in der Hand)*
Ob ich die auch noch mitnehmen kann? – Ja, meine Lieblingsjacke muss natürlich mit. Es kann ja auch mal kühl werden. – Und dann brauche ich unbedingt noch bequeme Schuhe. Wir wollen doch wandern.

**Räuber:** *(poltert hervor)*
Holldrio, pack den Koffer ruhig wieder aus, diesmal fahre ich in Urlaub. *(sucht hinter dem Vorhang)*

**Großmutter:** Was wollen Sie hier? Verlassen Sie sofort meine Wohnung!

**Räuber:** *(dreht sich um und hält die Fahrkarten und das Sparschwein in der Hand)*
Hab ich's doch! Fette Beute, fette Beute! Jetzt ist alles meins!

**Großmutter:** Halt, geben Sie das zurück! Das ist Diebstahl!
*(will ihm die Sachen aus der Hand nehmen)*

**Räuber:** *(stößt sie zurück, sodass sie fällt)*
Ja, sicher ist das Diebstahl. Und wie! Hohohoho. Aber jetzt muss ich packen gehen.
*(geht ab)*

**Großmutter:** O nein, o nein, o nein! Bitte nicht unsere Fahrkarten!
*(steht langsam wieder auf)*
Oh, mir ist ganz schwindelig. Ich muss die Polizei rufen! Aber ich fühl mich so schwach. Ich glaube, ich muss mich erst einmal hinlegen.
*(holt sich hinter dem Vorhang ein Kissen und legt sich auf den Bühnenrand)*
Kinder, tut mir einen Gefallen und ruft ihr um Hilfe! Am besten ruft ihr auch den Kasper.
*(ganz zittrig)*
Vielen Dank.

**Kinder:** Kaasper

**Kasper:**      *(kommt angerannt)*
Kinder, was ist los?
*(sieht die Großmutter im Bett)*
Ach du je, Großmutter! Bist du krank?
*(lässt die Kinder erzählen oder fragt die Großmutter)*
Was, der Räuber war hier? Stimmt das?

**Großmutter:** *(leise)*
Ja, stell dir mal vor, er hat unser Urlaubsgeld und die Fahrkarten
mitgenommen.
*(weint leise)*
Dabei hatte ich mich schon so auf die Berge gefreut.

**Kasper:**      Das gibt's doch nicht! So ein Schuft! So ein hundsgemeiner Schuft!
So ein stinkender, hundsgemeiner Oberschuft! So ein ...

**Großmutter:** Was sollen wir nur tun?

**Kasper:**      Du hast recht. Ich muss etwas tun. Dem Räuber werd ich's zeigen. –
Hm, lass mich mal überlegen. Wir müssen ihn überlisten und bei sei-
ner Räuberehre packen. Ja genau. Ich hab's! Wir müssen ihn locken.
Und wenn wir ihn erst einmal haben, werden wir auch unser Geld
und die Fahrkarten wiederkriegen. Womit lockt man denn einen
Räuber am besten? Kinder, habt ihr eine Idee?

**Kinder:**      *(antworten)*

**Kasper:**      *(greift Ideen der Kinder auf und ergänzt)*
Hm, hm. Ja, ja!
*(hüpft)*
Ich habe noch eine Idee! Einem Geschenk kann er bestimmt nicht
widerstehen. Ich muss nur einen großen Karton wie ein Geschenk
verpacken. Und innen rein – hm, ja – da lege ich als Beute eine
Mausefalle. Wenn der Räuber dann hineingreift – schwupps –
schnappt sie zu und wir haben ihn.
Was meint ihr, Kinder, könnte das klappen?

**Kinder:**      *(antworten)*

**Großmutter:** Na hoffentlich. Ich glaube, ich habe noch eine Mausefalle im Keller.
Geh nur mal nachsehen.

**Kasper:**      Perfekt! Die Gretel hat bestimmt einen Karton und Geschenkpapier.
Ich geh schnell zu ihr und erzähl ihr alles.
*(geht ab)*

# 3. Akt

*(vor geschlossenem Vorhang)*

**Kasper
und Gretel:** *(tragen ein Geschenk auf den Bühnenrand und stellen es dort ab)*

**Kasper:** So, wir stellen es hier in die Mitte, damit der Räuber auf dem Weg in die Stadt auf jeden Fall daran vorbeikommt.

**Gretel:** Dieser Schuft! Ich könnte ihn windelweich prügeln!

**Kasper:** Das kannst du auch noch. Besorg dir doch schon mal einen Kochlöffel bei der Großmutter.

**Gretel:** Das mach ich!
*(geht ab)*

**Kasper:**    Ich lege mich so lange hier auf die Lauer, bis der Räuber kommt. –
Kinder, drückt die Daumen, dass es klappt. Und pssst, nichts verraten!
*(versteckt sich am Bühnenrand)*

**Räuber:**    *(singt)*
Der Räuber ist ein kluger Mann,
er räubert immer was er kann,
hoho, hoho, hoho!
*(murmelt vor sich hin)*
Ich muss mir noch einen Koffer besorgen, damit ...
*(bemerkt das Paket)*
Nanu, was ist denn das? Das hat doch sicher jemand verloren. Heute
ist wohl mein Glückstag!
*(sieht sich das Paket von allen Seiten an)*
Vielleicht ist ja was drin, das ich gebrauchen kann. Was meint ihr?
Mal sehen.
*(schaut sich um und zieht das Band auf. Der Karton geht auf, er fasst
hinein und schiebt die Hand unter das Gummi. Dann zieht er schreiend
die Hand mit der Mausefalle heraus.)*
Au, auaaaa tut das weh! Was ist denn das?
*(beguckt seine Hand)*
Eine Mausefalle! So eine …

**Kasper:**    *(stürmt hervor und fesselt ihn schnell mit einem Seil)*
So, so, auf frischer Tat ertappt!

**Räuber:**    Siehst du denn nicht, dass ich Schmerzen habe?
*(hält ihm die Hand hin)*
Mach das ab, schnell! Das tut verdammt weh! Auuuuh!

**Kasper:**    Nicht so schnell, du Schuft! Erst sagst du mir, wo unser Geld und die
Fahrkarten sind!

**Räuber:**    Nein, nein, die gehören jetzt mir!

**Kasper:**    *(dreht sich um)*
Wenn du meinst. Dann lauf mal schön weiter mit der Mausefalle rum.

**Räuber:**    Nein, das tut höllisch weh! Du musst mir helfen!

**Kasper:**    Also gut! Wo ist das Geld?

**Räuber:**    Huhuuu, ich halte das nicht mehr aus. – Na gut – in meiner Hosentasche.

**Kasper:**    *(sucht in seinen Kleidern und holt dabei von unten das Sparschwein und
die Fahrscheine hervor)*
Na also, warum nicht gleich so?

**Gretel:**   *(kommt mit dem Kochlöffel hinzu)*
Na, hat's geklappt?

**Kasper:**   *(zeigt ihr die Sachen)*
Ja, alles ist wieder da! Und jetzt darfst du dem Räuber tüchtig den Hosenboden versohlen. Strafe muss sein!

**Gretel:**   Das hat er verdient. Da habe ich mich schon die ganze Zeit drauf gefreut.
*(hebt den Kochlöffel)*

**Räuber:**   Nein, nicht auch das noch! Erlöse mich lieber von meinen Qualen!
*(hält ihr die Hand hin)*

**Kasper:**   Moment, erst binde ich dich mal fest, damit du nicht sofort abhaust.
*(bindet das Seil an Bühnenrand fest und zieht die Mausefalle ab)*
So Gretel, du bist dran!

**Räuber:**   *(schreit und jammert, während Gretel ihm das Hinterteil verhaut)*

**Gretel:**   Hoffentlich merkst du dir das! Ehrliche Leute zu bestehlen! So was Gemeines!

**Räuber:**   Ich wollte doch auch mal in Urlaub fahren!

**Kasper:**   Dann musst du eben auch arbeiten und sparen. – So Gretel, ich glaube, er hat jetzt genug!

**Gretel:**   Ja komm, lass uns zur Großmutter gehen. Die Arme ist immer noch ganz traurig.

**Räuber:**   Halt, halt! Und ich?

**Kasper:**   Na gut.
*(bindet ihn los)*
So, und in Zukunft lässt du uns in Ruhe! Hast du gehört? Sonst gibt's noch mehr!

**Räuber:**   *(hält sich sein Hinterteil)*
Immer ich! Bäbäbä ...
*(geht murmelnd ab)*

**Kasper:**   Jetzt können wir doch noch in Urlaub fahren und die Berge genießen! Hinterher haben wir bestimmt viel zu erzählen. Komm, wir helfen der Oma beim Packen. Tschüss Kinder!

**Gretel:**   Die wird sich freuen! Auf Wiedersehen! Und euch allen schöne Ferien!
*(beide gehen winkend ab)*

# Gretel will nicht in den Kindergarten

Puppenspiel in 6 Akten zum Thema Kindergartenanfang

**Es spielen:**
2 PuppenspielerInnen

**Es spielen mit:**
Großmutter
Gretel
Seppel
Kasper
Krokodil

**Requisiten:**
kleine Puppe (in der Größe zu den
Kasperlepuppen passend)
3 Butterbrottüten, in denen sich kleine
zusammengeklappte Brote befinden
Stock (der ins Krokodilmaul passt)

**Kulisse:**
Hintergrundbild Wohnung
Hintergrundbild Wald

**Spielhinweise:**
Dies ist ein Stück für 2 PuppenspielerInnen.
Günstig ist folgende Puppenaufteilung:
**SpielerIn 1:** Großmutter, Seppel und
Krokodil
**SpielerIn 2:** Gretel und Kasper

Dieses Stück kommt mit sehr wenig Requisiten aus und braucht kaum Vorbereitungs-
zeit. Es ist darauf zu achten, dass das
Krokodil am Schluss so spricht, als würde
das Maul nicht mehr zu gehen (vorher kurz
probieren). Alles andere ergibt sich aus der
Handlung.

# 1. Akt

## Gretels erster Tag im Kindergarten

*(vor Hintergrundbild Wohnung)*

**Großmutter:** Gretel, Gretel, komm! Du musst los!
*(bemerkt die Kinder)*
Ach, guten Tag Kinder. Wisst ihr was? Für die Gretel ist heute ein ganz besonderer Tag. Sie darf das erste Mal in den Kindergarten gehen. Ich glaube, sie ist ganz aufgeregt. Ihr seid doch sicher auch schon im Kindergarten, oder? – Wie gefällt es euch denn da?
*(Kinder erzählen)*
Ja, ich glaube, der Gretel wird es auch gefallen. Wo bleibt sie denn nur? Wollt ihr mir helfen, sie zu rufen? Ich zähle bis drei, dann los! 1 – 2 – 3!

**alle:** Greeeetel!

**Gretel:** *(kommt)*
Ist es schon soweit?
*(umarmt die Oma)*
Oma, ich hab ein bisschen Angst.

**Großmutter:** Das brauchst du nicht. Die Kinder haben mir erzählt, wie gut es ihnen in ihrem Kindergarten gefällt. Du wirst schon sehen: Es wird bestimmt schön.

**Gretel:** Meinst du, ich darf meine Lieblingspuppe Annabell mitnehmen? Dann bin ich nicht so alleine.

**Großmutter:** Ich glaube schon. Ich hole sie dir schnell.
*(geht ab)*

**Gretel:** Kinder, stimmt das? Ist es im Kindergarten schön?
*(Kinder antworten )*

**Großmutter:** *(kommt mit der Puppe zurück)*
So, da ist deine Annabell.
*(reicht sie Gretel)*
Pass gut auf sie auf!

**Gretel:** *(drückt die Puppe an sich und gibt der Oma einen Kuss)*
Ja, mach ich. Tschüss, Oma!
*(geht winkend ab)*

**Großmutter:** *(winkt auch und ruft ihr hinterher)*
Tschüss, und halte dich nicht so lange im Wald auf. Es ist ja nur ein kurzes Stück.

# 2. Akt

## Annabell verschwindet

*(vor Hintergrundbild Wald)*

**Gretel:**        *(erzählt mit ihrer Puppe)*
Na Annabell, das haben wir beide heute doch gut gemacht. Der
Kindergarten ist gar nicht so schlimm, oder? Sogar richtig nette Kinder
sind da. Die Eva und der Lukas und die Luise – und ich glaube der
Sebastian ist auch ganz nett. Was haben wir noch mal gesungen?
*(singt)*
Ich bin ein dicker Tanzbär …

**Krokodil:**        *(guckt um die Ecke)*

**Gretel:**        *(singt weiter)*
… und komme aus dem Wald.

**Krokodil:**        *(stürzt schnell hervor, schnappt sich die Puppe und verschwindet wieder,
bevor Gretel es erkennen kann)*

**Gretel:**        Halt! Annabell! Meine Puppe!
*(fängt an zu weinen)*
Uhuhuuu, wer hat meine Puppe geklaut? Meine liebe Annabell!
Annabell, wo bist du?
*(guckt überall nach, geht dann weinend ab)*

# 3. Akt

## Gretel ist traurig

*(vor Hintergrundbild Wohnung)*

**Gretel:**        kommt weinend auf die Bühne und reibt sich die Augen)*

**Großmutter:**  *(kommt dazu)*
Was ist denn mit dir passiert? Was ist denn los, mein Spatz?
*(nimmt sie in den Arm)*
Hat dir jemand was getan?

**Gretel:**        Uhuhuuuu, meine Puppe! Jemand hat mir Annabell weggenommen!

**Großmutter:**  O je, wer macht denn so was?

**Gretel:**       Hab ich nicht gesehen. Bestimmt böse Kinder. Ich geh nicht mehr in den Kindergarten! Nie mehr! Uhuhuuu, ich will Annabell wiederhaben!

**Großmutter:**   O je, o je, was machen wir da bloß?

**Seppel:**       *(kommt fröhlich dazu)*
Na Gretel, wie war dein erster Tag im Kindergarten?
*(stutzt)*
Oh, was ist los? Hat es dir nicht gefallen?

**Gretel:**       *(weint weiter)*
Da geh ich nicht mehr hin. Uhuuu, die sind doof.

**Seppel:**       Wieso denn, was ist passiert?

**Großmutter:**   Jemand hat ihre Lieblingspuppe gestohlen. Jetzt ist sie ganz traurig.

**Gretel:**       Ich will Annabell wiederhaben!

**Seppel:**       Da muss man doch was machen können! – Weißt du was? Ich frag mal den Kasper. Bin gleich wieder da.
*(geht ab)*

**Großmutter:**   Wenn jemand deine Puppe wiederfindet, dann der Kasper.

**Gretel:**       Uhuhuuu, hoffentlich.

**Kasper:**       *(kommt mit Seppel)*
Was habe ich gehört? Deine Annabell ist weg?

**Gretel:**       Hmm, auf dem Weg vom Kindergarten nach Hause. Da, wo der Wald anfängt.

**Kasper:**       Hast du denn gesehen, wer das war?

**Gretel:**       Nein, nicht direkt. Aber es waren bestimmt die Kinder.
*(weint wieder)*

**Seppel:**       *(nimmt die Gretel in den Arm)*
Schschsch, es wird schon wieder gut.

**Kasper:**       Weißt du was? Ich komme am besten morgen mal mit. Dann rede ich mal mit der Kindergärtnerin. Vielleicht hat ja jemand was gesehen. Und ich knöpfe mir die Kinder mal vor. Annabell wird schon wieder auftauchen.

**Großmutter:**   Bestimmt. Ich mache euch morgen früh ein leckeres Frühstück fertig. Und der Kasper passt sicher gut auf dich auf. Ist das in Ordnung?

**Gretel:**       Na gut, dann geh ich eben noch mal hin. Vielleicht findet der Kasper meine Annabell ja wirklich.

| | |
|---|---|
| **Seppel:** | Ich kann euch gerne ein Stück begleiten. Ich habe morgen noch nichts vor. |
| **Großmutter:** | Du willst doch nur ein Frühstück von mir. Stimmt's? |
| **Seppel:** | Na ja, dein Frühstück ist doch immer noch das Beste! |
| **Kasper:** | Also gut. Dann ist das abgemacht. Wir treffen uns morgen früh hier. Tschüss zusammen! |
| | *(alle gehen ab)* |

# 4. Akt

## Das Krokodil ist wieder da

*(vor Hintergrundbild Wald)*

| | |
|---|---|
| **Gretel, Seppel und Kasper:** | *(sind unterwegs. Seppel trägt 3 Butterbrottüten)* |
| **Seppel:** | Oh, mein Magen knurrt schon ganz laut. Ich habe heute Morgen noch gar nichts gegessen. Wie wäre es mit einem kleinen Vorfrühstück? |
| **Kasper:** | *(guckt auf seine Uhr)* Na ja, etwas Zeit haben wir noch. Was meinst du Gretel? Ein kleiner Bissen kann doch nicht schaden, oder? |
| **Gretel:** | Meinetwegen. Aber nicht zu lange. Ich habe solche Sehnsucht nach Annabell! |
| **Seppel:** | *(reicht jedem sein Paket, packt ein Brot aus und beißt hinein)* Hmm, Leberwurstbrot, köstlich! |
| **Kasper:** | *(guckt in seine Tüte)* Mal sehen, was ich drauf habe. |
| **Krokodil:** | *(guckt erst rechts, dann links über den Bühnenrand, reißt dann dem Seppel das Brot und dem Kasper die Tüte aus der Hand)* Hngrrrr! *(geht schnell ab)* |
| **Seppel:** | He, mein Butterbrot! – Halt! Komm sofort zurück! |
| **Gretel:** | Huhuuu, ich will nach Hause! |
| **Kasper:** | Das ging aber schnell! Kinder, habt ihr gesehen, wer das war? Ich meine, ich hätte etwas Grünes gesehen. |
| **Kinder:** | *(rufen)* Das Krokodil |

**Kasper**: So, so, das Krokodil! Dem werd ich's zeigen!
*(zu Seppel)*
Du bleibst hier und passt auf! Ich gucke mal, ob ich den frechen Wurm noch erwische. Aber …
*(guckt suchend umher)*
… erst muss ich noch einen passenden Stock finden.
*(geht ab)*

**Seppel:** Mein schönes Leberwurstbrot. So eine Gemeinheit! – Du, Gretel, was hast du denn auf deinem Brot?

**Gretel:** Wie kannst du nur jetzt ans Essen denken?
*(guckt in ihre Tüte)*
Ich glaube, Käse.

**Seppel:** Hm, Käse ess ich am zweitliebsten! Gibst du mir was ab? Wenn wir sowieso hier warten müssen, können wir uns doch auch mit frühstücken die Zeit vertreiben. Was meinst du?

**Gretel:** Meinetwegen.
*(beide packen die Brote aus und der Vorhang geht zu)*


# 5. Akt

## Kasper erwischt das Krokodil

*(vor Hintergrundbild Wald)*

**Kasper:** *(hält einen Stock in der Hand)*
So, einen passenden Stock habe ich schon gefunden. Jetzt muss ich nur noch den Dieb, den Strolch finden. Kinder, helft ihr mir?

**Kinder:** *(antworten)*

**Kasper:** *(wartet Zustimmung der Kinder ab)*
Das ist toll! Sobald ihr das Krokodil seht, ruft ihr mich! – Zusammen werden wir es bestimmt finden.
*(beugt sich suchend über den Bühnenrand, guckt an einer Seite hinter den Vorhang)*

**Krokodil:** *(taucht von der anderen Seite – hinter Kasper – auf. Die Kinder rufen …)*

**Kasper:** Pssst, ich habe euch gehört. Aber jetzt leise. Ich verstecke mich hier, bis es näher kommt.
*(versteckt sich hinter dem Vorhang)*

**Krokodil:** *(kommt schnüffelnd näher)*

Ob es hier noch mehr leckeres Happihappi gibt? Das letzte war so guuut! Gestern die Beute war ja ungenießbar. Die hab ich direkt wieder ausgespuckt.
*(kommt in die Nähe des Kaspers)*

**Kasper:**  *(springt hervor und haut es mit dem Stock)*
Ha, da hab ich dich! So, und so, das hast du verdient! Einfach unser Frühstück zu mopsen! Und was hast du da eben erzählt, du hast noch mehr gestohlen?

**Krokodil:**  *(Krokodil weicht zurück)*
Vor dir hab ich keine Angst! Komm doch näher, dann beiße ich dir den Kopf ab. Auch wenn du sicher nicht viel besser schmeckst als diese Puppe.

**Kasper:**  Kinder, habt ihr das gehört? – Hast du etwa der Gretel die Puppe geklaut? Du fieser Möpp!
*(kommt mit dem Stock auf das Krokodil zu)*
Komm, hol dir deine Tracht Prügel ab!

**Krokodil:**  Haarrrr
*(reißt das Maul weit auf)*

**Kasper:**  *(steckt den Stock so in das Maul, dass es nicht mehr zu geht)*

**Krokodil:**  *(undeutlich, mit offenem Maul)*
Ha, ho … Lass das!

**Kasper:**  Nicht eher, bis du mich zu Gretels Puppe führst. Sonst musst du eben hier verhungern und vertrocknen.
*(dreht sich weg)*

**Krokodil:**  *(undeutlich, mit offenem Maul)*
Bitte, bitte nicht, ich zeig sie dir ja. Aber nimm den Stock da weg!

**Kasper:**  Dann bring mich dahin. Solange bleibt der Stock drin.
*(folgt dem Krokodil von der Bühne, der Vorhang geht zu)*

# 6. Akt
## Annabell ist wieder da
*(vor Hintergrundbild Wald)*

**Seppel
und Gretel:**  *(sitzen essend auf der Bühne)*

**Seppel:** Jetzt haben wir gleich alles aufgegessen und der Kasper ist immer noch nicht da.

**Gretel:** Meine arme Annabell!

**Kasper:** *(taucht mit der Pupe im Arm auf)*
Juchuuu, guckt mal, was ich hier habe!
*(hält die Puppe hoch)*

**Gretel:** *(stürzt auf ihn zu)*
Annabell, meine Annabell!
*(reißt ihm die Puppe aus dem Arm und drückt sie an sich)*
Endlich hab ich dich wieder!

**Seppel:** Wie hast du das denn geschafft? Warst du schon im Kindergarten?

**Kasper:** Nein, die Kinder hatten gar nichts damit zu tun! Unser gefräßiges Krokodil hat die Puppe geklaut. Aber ich glaube, ihr ist nichts passiert.

**Gretel:** *(gibt dem Kasper einen Kuss)*
Du bist ein Schatz! Danke!
*(schaut die Puppe von allen Seiten an)*

**Seppel:** Das musst du uns aber noch genauer erzählen! Wie hast du denn das Krokodil gefunden und besiegt?

**Kasper:** Die Kinder haben mir dabei geholfen. Aber das erzähle ich dir alles auf dem Rückweg. Erst müssen wir die Gretel im Kindergarten abgeben.
*(zu Gretel)*
Du gehst doch jetzt wieder gern dahin, oder?

**Gretel:** Hm, wenn die Kinder gar nicht Schuld waren, kann ich ja wieder hingehen. Eigentlich war es ja ganz schön dort.

**Seppel:** Ich hole dich heute Mittag wieder ab und bring dich nach Hause. Vielleicht bekomme ich dann bei der Großmutter auch noch ein Mittagessen. Mein Magen knurrt nämlich schon wieder.

**Kasper:** Du denkst auch wirklich nur ans Essen. – So Kinder, Tschüss bis zum nächsten Mal!

**Gretel:** Auf Wiedersehen! Und danke für eure Hilfe!

*(alle drei gehen winkend ab)*

# Sommerfest im Kindergarten

Puppenspiel in 6 Akten

**Es spielen:**
1 PuppenspielerIn

**Es spielen mit:**
Kasper
Räuber
Gretel
Hexe

**Requisiten:**
Kaspermütze, die auch dem Räuber passt
Tüte für die Mütze
2 Stückchen trockener Kuchen (oder Kekse)
kleines Tellerchen
Hexenbesen (s. S. 17)
Sack (der dem Räuber über den Kopf passt)
1 Seil

Die **Kaspermütze**, die dem Räuber als Verkleidung dient, ist schnell aus einem Stoffrest genäht. Am besten bleibt die Kopföffnung so groß, dass der Räuberkopf gut hindurchpasst. Dann wird am unteren weiten Rand ein Gummi oder Band durchgezogen, bis die Mütze passt und hält. – Vielleicht ist aber auch ein zweiter Kasper vorhanden, dessen Mütze benutzt werden kann.

**Kulisse:**
Das Stück kann nach Belieben vor geschlossenem Vorhang oder vor geöffnetem Vorhang mit einfarbigem Hintergrund gespielt werden. – Wer möchte, kann den Bühnenrand mit Girlanden, Luftschlangen oder Luftballons schmücken.

**Spielhinweise:**
Dieses Stück kann gut von nur einer Person aufgeführt werden, da nie mehr als zwei Puppen gleichzeitig auf der Bühne sind.
Wenn der **Räuber** die Kaspermütze aufzieht, verschwindet er von der Bühne, damit der Spieler beide Hände zum Anziehen frei hat.
Der **Kuche**n, mit dem die Hexe gelockt wird, sollte am besten auf einen Plastikteller vom Puppenservice gelegt werden. Dieser kann dann auf dem oberen Bühnenrand abgestellt werden. Trockener Kuchen eignet sich genauso gut wie Kekse, weil die Puppen ihn in die Hand nehmen können.

# 1. Akt

## Der Räuber kommt zum Sommerfest

**Kasper:**   *(singt nach der Melodie von Hänschen klein – hüpft und klatscht dabei)*
Heissassa, hopsassa,
der Kasper ist schon wieder da!
Trallalla, trallalla,
ich bin schon wieder da!
*(spricht etwas außer Atem)*
Hallo Kinder! – Hach hab ich heute gute Laune! Ich freue mich so,
dass ihr mich zu eurem Sommerfest eingeladen habt. Den ganzen
Tag könnte ich singen und klatschen. Seid ihr auch so gut gelaunt?
Wie ich sehe, habt ihr euch extra schick gemacht. Genau wie ich.
*(dreht sich hin und her)*
Ich habe sogar eine ganze Stunde gebadet. Sieht man das?
Machen wir heute auch schöne Spiele?

**Kinder:**   *(antworten)*

**Kasper:**   Oh, toll! Was gibt es denn zu essen?

**Kinder:**   *(zählen auf)*

**Kasper:**   Hm, hört auf! Mir läuft ja schon das Wasser im Munde zusammen.
Ich gehe sofort mal gucken, ob mein Lieblingskuchen auch dabei ist.
*(geht ab und wird dabei immer leiser)*
Zitronenkuchen mit Zuckerguss ...

**Räuber:**   Ob ich hier wohl richtig bin? – Ah, ich frag mal die Kinder! Kinder, ist
das hier der Kindergarten ...? (Namen einfügen)

**Kinder:**   *(antworten)*

**Räuber:**   *(legt seine Tüte ab)*
Aha! Dann seid ihr sicher auch gemeine Kinder, stimmt's?

**Kinder:**   *(protestieren)*

**Räuber:**   Doch, ihr seid sogar obergemein!

**Kinder:**   Nein

**Räuber:**   Doch!

**Kinder:**   Nein

**Räuber:**   Doch, doch, doch! – Wisst ihr auch warum?

**Kinder:**   Nein

**Räuber:**   Weil ihr mich nicht eingeladen habt. Den Kasper habt ihr eingeladen
und mich nicht. Das ist ungerecht – und gemein, ja! – Dabei war ich
immer so lieb. Oder etwa nicht?

**Kinder:**   Nein

**Räuber:**      Doch!

**Kinder:**      Nein

**Räuber:**      Ach, mit euch kann man ja nicht reden. – Verratet ihr mir denn wenigstens, wo ich etwas zu essen kriege?

*(wenn die Kinder es nicht sagen wollen, antwortet er)*

Auch gut. Den Weg finde ich schon alleine. Immer der Nase nach.

*(geht bis zum Bühnenrand, kommt jedoch suchend wieder zurück)*

Da hätte ich doch beinahe noch was vergessen!

*(hebt die Tüte hoch)*

Ach, hier ist sie ja, meine Überraschung. Hohoho, ich bin nämlich schlau. Sogar oberschlau! So schlau wie der Kasper bin ich schon lange, hohoho …

*(zieht die Zipfelmütze aus der Tüte.)*

Da staunt ihr, was? Hohohooooooo, erkennt ihr die Kaspermütze? Das ist meine Verkleidung. Ich lasse mich nicht wieder fangen und wegjagen. Passt mal auf!

*(verschwindet kurz hinter der Bühne, zieht die Mütze an und taucht wieder auf)*

Na, wer bin ich?

**Kinder:**      *(erkennen den Räuber)*

**Räuber:**      Och, das wisst ihr nur, weil ich euch mein Geheimnis verraten habe. Sonst erkennt mich bestimmt niemand, und alle denken, ich bin der Kasper! So kann ich Kuchen essen, bis ich platze. – Was singt der Kasper noch immer? Ach ja:

*(geht singend ab)*

Trö – tru – trollollo,

trö – tru – trollollo,

der Räuber – ach nein – der Kasper, der ist trullalla!

# 2. Akt

## Kasper will die Hexe fangen

**Kasper:**      *(kommt mit dem Hexenbesen)*

Hallo, Kinder! Gut, dass ihr noch da seid. Guckt mal! Hat den einer von euch verloren?

*(hält den Besen hoch und betrachtet ihn von allen Seiten)*

Nein? – Komisch. Der sieht fast aus, wie ein Hexenbesen. Was meint ihr? – Sagt mal, habt ihr vielleicht die Hexe heute schon gesehen? Oder ist sie sogar eingeladen?

**Kinder:**      *(erzählen vom Räuber. Wenn nicht, dann fragt der Kasper, ob ihnen etwas aufgefallen ist.)*

**Kasper:**      Was erzählt ihr da? Der Räuber war da? – Aber Räuber haben doch keine Hexenbesen! – Habt ihr den etwa auch eingeladen? – Habt ihr nicht? Na, dann hat ihn sicher schon jemand weggejagt.
*(wenn die Kinder von seiner Verkleidung erzählen, unterbricht er sie)*
Psst, seid mal ganz leise. Ich muss nachdenken.
*(stützt den Kopf in die Hände)*
Wenn das wirklich der Hexenbesen ist, dann muss die Hexe auch in der Nähe sein. Vielleicht können wir sie ja fangen, bevor sie Unsinn macht. – Wollt ihr mir dabei helfen?

**Kinder:**      Ja

**Kasper:**      Gut, dann versuchen wir es. Ich stärke mich jetzt noch etwas am Kuchenstand. Dann bringe ich ein dickes Stück für die Hexe mit. Vielleicht können wir sie damit locken. Meint ihr, sie mag Kuchen? Dann verstecke ich mich und warte auf sie. Und wenn sie kommt, dann ruft ihr mich – hach, das wird ein Spaß! – Moment mal, was mache ich so lange mit dem Besen? Den darf die Hexe auf gar keinen Fall bekommen, sonst verzaubert sie uns alle und fliegt uns davon. Wollt ihr vielleicht darauf aufpassen? Gut, ich gebe ihn eben runter.
*(winkt ein Kind aus der ersten Reihe zur Bühne)*
Pass gut darauf auf! Und nicht abgeben, ja? Bis gleich! Tschüss!
*(geht ab)*

# 3. Akt
## Gretels Kuchen wird geklaut

**Räuber:**      *(wütend)*
So was Dummes! Ihr habt vielleicht eine blöde Kindergärtnerin!
*(oder andere Person nennen)*
Habt ihr das auch schon gemerkt?

**Kinder:**      Nein

**Räuber:**      Dann seid ihr eben auch dumm! Ich hab mich wie ein Könner durch die Menge geschlichen. Einige Kinder haben gesagt: Der Kasper sieht aber heute komisch aus, hohoho. Aber dann – ganz kurz vor dem Kuchentisch kam diese hundsgemeine Kindergärtnerin.
*(beschreibt sie: Haarfarbe, Kleidung usw.)*
Die hat mich doch tatsächlich weggeschickt! Einfach so! – Mich, den

Kasper! Sie hat gesagt, ich wäre nicht eingeladen, und nicht einmal den allerkleinsten Kuchenkrümel habe ich abgekriegt! Dabei knurrt mein Magen wie bei einem hungrigen Wolf. Habt ihr nicht etwas zu essen für mich?

*(zeigt zum Bühnenrand)*

Oh, da hinten kommt jemand. Vielleicht habe ich wenigstens Räuberglück!

*(versteckt sich an der anderen Seite, nur die Zipfelmütze ist etwas zu sehen)*

**Gretel:**     *(tritt Kuchen essend auf)*

Ist das aber ein schönes Fest heute. Und der Kuchen schmeckt hervorragend, hmmm …

**Kinder:**     *(versuchen, die Gretel zu warnen)*

**Gretel:**     Was sagt ihr?

**Räuber:**     *(stürzt hervor und entreißt ihr den Kuchen)*

Her damit! Der ist für mich!

*(geht sofort mit dem Kuchen ab)*

**Gretel:**     Du meine Güte, hab ich mich erschreckt! War das etwa der Kasper?

**Kinder:**     *(klären sie auf)*

**Gretel:**     Was sagt ihr? Der Räuber? – Aber ich habe doch ganz genau Kaspers Zipfelmütze gesehen.

**Kinder:**     *(erklären ihr die Verkleidung)*

**Gretel:**     Ach so, eine Verkleidung. – Da hat er doch einfach meinen Kuchen mitgenommen. Ohne zu fragen! Das ist doch kein Benehmen!

*(schüttelt den Kopf)*

Ts, Ts, Ts … Na, dann hole ich mir eben ein neues Stück. Es ist ja noch genug da.

*(geht ab)*

# 4. Akt

## Kasper stellt eine Falle

**Kasper:** So Kinder, da bin ich wieder.
*(hält einen Teller Kuchen hoch)*
Na, sieht das nicht lecker aus? Hoffentlich läuft der Hexe das Wasser im Munde zusammen.
*(wenn die Kinder ihm vom Räuber erzählen, wehrt er ab und erinnert daran, dass sie sich um die Hexe kümmern wollen)*
So, jetzt hole ich nur noch schnell einen Sack, mit dem ich die Hexe fangen kann.
*(stellt den Kuchenteller auf den Bühnenrand)*
Wenn die Hexe kommt, bevor ich wieder da bin, erzählt ihr was Spannendes, damit sie nicht wieder abhaut. Lasst sie nicht laufen, hört ihr? – Ihr schafft das? Gut. Dann viel Glück.
*(geht ab)*

**Räuber:** *(schnuppert)*
Hier riecht es ja immer noch nach Kuchen! Der von der Gretel hat zwar gut geschmeckt, aber satt bin ich noch lange nicht.
*(entdeckt den Kuchenteller)*
Ha! – Was sehe ich da? – Hohohho, das wird ja doch noch ein schöner Tag heute.
*(beginnt zu essen, obwohl die Kinder wahrscheinlich durcheinander rufen)*
Hm, köstlich! Was habt ihr denn? Seid doch nicht so aufgeregt! Ihr seht doch, da meint es jemand gut mit mir.

**Kasper:** *(schleicht sich mit dem Sack von hinten an)*
Pssst, leise.
*(flüstert)*
Jetzt aber schnell. Da komme ich wohl gerade rechtzeitig. Psst!
*(stülpt dem Räuber von hinten den Sack über den Kopf und zieht ihn hinunter und ruft dabei)*
Hau ruck, hau ruck. Kinder, helft mal mit! Hau ruck …

**alle:** Hau ruck, hau ruck!

**Räuber:** *(schreit)*
Hilfe, lasst mich raus!

**Kasper:** So, jetzt verpacken wir die Hexenwurst noch fein säuberlich.
*(wickelt ein Seil um den Sack. Die Kinder werden ihn vermutlich über seinen Irrtum aufklären)*
Was sagt ihr? – Hier ist nicht die Hexe drin? Der Räuber? –
*(der Räuber schreit unterdessen weiter)*

Ach deswegen hat die Wurst so eine tiefe Stimme. Ich habe mich schon gewundert.

**Räuber:**    *(jammert dumpf)*
Uhuhuuu, immer werde ich gefangen. Das ist gemein! Fang doch mal die Kinder, das ist viel lustiger. Außerdem sind die Kinder gemein, sie verpetzen mich immer.

**Kasper:**    *(zu den Kindern)*
Macht ihr denn auch so schlimme Sachen wie der Räuber? Lügen, klauen und betrügen? –

**Kinder:**    Nein!

**Kasper:**    Na, das will ich aber auch nicht hoffen. Sonst müsste ich euch ja einsperren. – Den Räuber bringe ich am besten sofort zur Polizei. Bevor er wieder entkommt.
*(geht mit dem schreienden Sack ab)*

# 5. Akt
## Die Hexe will nicht laufen

**Hexe:**    Huhuu, wo bist du denn, mein kleiner Flitzer? – Hallo, Kinder. Habt ihr vielleicht irgendwo meinen kleinen Flitzer gesehen? Er ist ungefähr sooo lang.
*(zeigt die Besenlänge)*
Und am Ende ist er etwas struppig. – Nein, habt ihr nicht gesehen? So ein Hexenmist! Ich bin vorhin noch mit meinem Besen hergeflogen und jetzt habe ich ihn verloren. Wie soll ich bloß nach Hause kommen? Habt ihr keine Idee? Will mich keiner von euch tragen? Ojeojeoje soll ich den ganzen weiten Weg etwa zu Fuß gehen? Ich arme, arme Hexe! Eine Hexe geht niemals zu Fuß. – Ohne meinen Besen kann ich nicht einmal zaubern!
Na wartet, wenn ihr mir nicht helft, komme ich euch eben nie mehr besuchen. Euer Fest gefällt mir sowieso nicht. Es gibt ja nicht einmal Schneckenkuchen mit Schwefelguss. Pah, und so etwas nennt sich Feier! Wenn ihrs nicht anders wollt, dann werde ich mich wohl mal auf den Weg machen.
*(geht los, jammert immer leiser werdend)*
Ooooh, Blasen werde ich mir laufen. Auuuuu, meine armen zarten Hexenfüßchen!
*(geht ab)*

# 6. Akt

**Kasper:** So, der Räuber ist sicher eingesperrt. Schade, dass wir die Hexe nicht auch noch fangen konnten.

**Kinder:** *(erzählen ihm von der Hexe)*

**Kasper:** Was, die war gerade hier? Sapperlot und Kuckuckbraten! Im Ernst? Habt ihr ihr etwa den Hexenbesen wieder gegeben? – Nein? Das war gut! Was fängt sie denn nun ohne ihren Besen an?

**Kinder:** *(erzählen)*

**Kasper:** Sie läuft zu Fuß? Das geschieht ihr recht. Sie soll sich ruhig auch mal etwas anstrengen. Oder was meint ihr? Ohne ihren Zauberbesen kann sie ja nichts mehr anstellen. Da können wir sie ruhig laufen lassen. – Am besten behaltet ihr den Besen und passt gut darauf auf. Vielleicht gelingt es euch sogar, ein bisschen damit zu zaubern. Da gibt es irgendein Geheimnis. Probiert es ruhig mal aus. Hach Kinder, war das ein schönes Fest! Vielen Dank für eure Einladung. Jetzt bin ich satt und müde. Ich muss der Großmutter noch ein Stück Kuchen mitnehmen und ihr alles erzählen. Wie ich die Hexe fangen wollte und statt dessen den Räuber erwischt habe. Die wird staunen! Übrigens, wenn ihr den Besen nicht mehr wollt, können wir ihn auch auf Großmutters Dachboden unterbringen. Da ist er sicher. – Da fällt mir gerade noch was ein! Wisst ihr zufällig, warum der Räuber eine Zipfelmütze auf dem Kopf hatte?

**Kinder:** *(erzählen)*

**Kasper:** So ein Dummkopf! Hat er wirklich gedacht, er sieht damit aus wie ich? Hahaha, das Gesicht kennt doch jeder. Da nützt die beste Verkleidung nichts. – So Kinder, seht zu dass ihr auch noch etwas vom Kuchen abbekommt. Und feiert noch schön! Tschüss, bis zum nächsten Mal!
*(singt beim Abgehen auf die Melodie von: Hänschen klein)*
Räuberlein, schimpft so fein,
steck dich in den Sack hinein.
Trallalla, trallalla, trallallallalla!

# Das verschwundene Brautkleid

## Puppenspiel in 4 Akten zum Thema Hochzeit

**Es spielen:**

2 PuppenspielerInnen

**Es spielen mit:**

Kasper
Prinzessin
Gretel
Seppel
Hexe
Zauberer

**Requisiten:**

Brautkleid (weißer Gardinenstoff, Tüll)
rotes Fläschchen mit Wasser
blaues Fläschchen mit Wasser
Geschenkpäckchen

Für das **Brautkleid** drei weiße Stoffstücke oder Tücher verwenden. Schön ist Tüll oder Gardinenstoff. Ein Tuch (Schleier) mit einem Gummi an der Krone der Prinzessin befestigen (und später am Kopf der Hexe). Ein weiteres Tuch so um das Unterkleid wickeln, dass die Hände noch bewegt werden können. Einen dritten, schmalen Streifen um die Taille wickeln und festbinden.

**Variante:** Einen rechteckigen Stoffstreifen kurze Seite auf kurze Seite falten. In die Mitte des Knicks ein Loch schneiden, das über den Kopf der Puppe passt. Auch hier um die Taille ein schmales Band wickeln.

Für die beiden **Fläschchen** können kleine Arzneiflaschen benutzt werden. Eine Flasche mit einem roten Papierstreifen umkleben, die andere mit einem blauen.

Als **Geschenkpaket** eignet sich ein beliebiges Döschen, um das eine dicke Schleife gebunden wird.

**Kulisse:**

geschlossener Vorhang
Hintergrundbild Wohnung
Hintergrundbild Schloss
Hintergrundbild Wald

**Spielhinweise:**
Dies ist wieder ein Stück für zwei Puppen-spielerInnen. Günstig ist folgende Puppen-aufteilung:

**SpielerIn 1:** Kasper und Gretel
**SpielerIn 2:** Prinzessin, Seppel, Zauberer und Hexe

Der **Seppel** ist für die Handlung nicht weiter wichtig und könnte auch weggelassen werden.
Das wichtigste Utensil in dieser Geschichte ist das **Brautkleid**. Die Hexe kann in Ruhe angezogen werden, bevor sie mit dem Brautkleid auftaucht. – Darauf achten, dass es später problemlos mithilfe des Kaspers wieder ausgezogen werden kann.

Wichtig sind auch die beiden **Fläschchen** mit den Lachtropfen und dem Gegenmittel. Im 2. Akt, wenn der Kasper auf die Hexe trifft, sollte der Deckel nur lose aufgesetzt sein. So kann der Kasper ihn abnehmen. In den Flaschen muss sich etwas Wasser befinden, womit der Kasper die Hexe bespritzen kann.

# 1. Akt
## Die Prinzessin bei der Anprobe
*(zuerst vor geschlossenem Vorhang, später Hintergrundbild Wohnung)*

**Kasper:**   *(singt auf die Melodie: Ein Vogel wollte Hochzeit machen)*
Lalalalalalala... fiderallla, fiderallla, fiderallallallla.
Ach, hallo Kinder! Habt ihr schon die große Neuigkeit gehört? – Die Prinzessin heiratet! – Den Prinzen Morgenschön von Schloss Sonnenschein. Das wird eine tolle Hochzeit! Der ganze Ort ist aufs Schloss eingeladen.
*(leise, hinter vorgehaltener Hand)*
Die beiden sind vielleicht verliebt! Olala, die sehen nur noch rosarote Herzchen! Die Gretel sucht gerade mit der Prinzessin das Brautkleid aus und alle Frauen im Ort backen Kuchen. Riecht ihr es schon? Hmm, köstlich! Ich geh mal gucken, ob die beiden schon was gefunden haben.
*(geht ab)*

*(Vorhang geht auf und man sieht eine Wohnung)*

**Prinzessin:**   *(im Brautkleid, dreht und wendet sich)*
Ist mein Kleid nicht wunderschön?
Kinder, was meint ihr?

**Kinder:**   *(antworten)*

**Gretel:**   *(bringt den Schleier)*
Und erst mit dem Schleier!
*(befestigt den Schleier an der Krone)*

So siehst du aus wie aus einem Märchen! Dein Schatz wird begeistert
sein!

**Prinzessin:** *(klatscht in die Hände)*
Das wird die schönste Hochzeit, die ihr je gesehen habt! Die Großmutter backt mir einen Hochzeitskuchen mit Kerzen drauf und die
Zwillinge von unserem Polizisten werden Blumen streuen. Ich freue
mich schon so! Niemand kann glücklicher sein als ich!

**Gretel:** Das soll ja auch der schönste Tag deines Lebens werden.

**Kasper:** *(klopft und ruft)*
Ich bin's, der Kasper! Darf ich auch mal gucken?

**Prinzessin:** Meinetwegen, aber nur ganz kurz.

**Gretel:** Und keinem etwas verraten!

**Kasper:** *(betrachtet die Prinzessin von allen Seiten)*
Du siehst umwerfend aus.

**Gretel:** So soll das auch sein. Und jetzt raus hier! Wir müssen alles noch
sorgfältig aufhängen und müssen die Tische noch mit Blumen
schmücken. Wenn du Zeit hast, kannst du nachschauen, ob die
Hochzeitstorte schon fertig ist.

**Kasper:** Das mach ich doch gerne.
*(geht ab)*

**Prinzessin:** Ich ziehe nur eben das Kleid aus und hänge es auf. Dann helfe ich dir.

**Gretel:** Gut, ich gehe dann schon mal in den großen Tanzsaal und kümmere
mich um die Blumen.
*(beide gehen ab)*

**Prinzessin:** *(kommt wieder und hängt ihr Kleid an einen Nagel am Bühnenrand)*
So. Was meint ihr Kinder, bin ich morgen eine schöne Braut? Mein
Prinz wird Augen machen. Aber jetzt muss ich erst mal der Gretel mit
den Blumen helfen. Bis nachher!
*(geht ab)*

**Hexe:** *(kommt langsam sich umschauend auf die Bühne)*
Ist hier die Hochzeit? Ich habe gehört, alle sind eingeladen. Stimmt
das? Aber das war wohl wieder nicht die richtige Tür.
*(entdeckt das Kleid und geht darauf zu)*
Oh, was ist das?
*(zieht es etwas auseinander)*
Ein Traum von einem Kleid!
*(befühlt es)*
Dieser zarte Stoff!

*(hält ihn ans Gesicht)*

Wie eine weiche Wolke! – Und erst der Schleier!

*(legt ihn sich um)*

Kinder, wie steht der mir? – Ach ihr habt ja sowieso keine Ahnung! Ich werde aussehen wie eine Märchenprinzessin. So etwas Schönes habe ich noch nie besessen.

*(nimmt das Kleid und wickelt sich darin ein)*

Ich werde schweben wie auf Wolken.

*(geht mit dem Kleid ab, aber man hört sie noch)*

Ich werde mich fühlen wie im Himmel.

# 2. Akt

## Das Brautkleid ist verschwunden

*(vor Hintergrundbild Schloss)*

**Seppel und Gretel:** *(tragen einen Geschenkkarton)*

**Seppel:** Bald ist es soweit. Ob der Prinz schon da ist?

**Gretel:** Ich weiß nicht, aber ich werde mal sehen, ob die Prinzessin mit dem Kleid zurechtkommt.

**Seppel:** Dann bringe ich das Geschenk schon mal in den großen Saal.
*(geht ab)*

**Prinzessin:** *(man hört sie schreien, dann kommt sie angelaufen)*
Mein Kleid! Mein wunderschönes Kleid ist weg! Was soll ich denn jetzt anziehen? Oh je, oh je, eine Hochzeit ohne Hochzeitskleid! Gleich wird mein Prinz hier sein und die ersten Gäste kommen auch schon an. Was soll ich nur tun?

**Gretel:** *(nimmt ihre Hand)*
Jetzt beruhige dich erst mal. Wann hast du es denn das letzte Mal gesehen?

**Prinzessin:** Gestern nach der Anprobe. Und jetzt ist es weg! Oh je, oh je.

**Gretel:** Das ist ja furchtbar! Der Kasper muss uns helfen! Kinder, helft ihr mir, den Kasper zu rufen? – So laut es geht! 1 – 2 – 3:

**alle:** Kasper!

**Gretel:** Gleich noch mal

**alle:** Kaaaspeer!

**Kasper:**   Was ist los? Hat mich jemand gerufen? Oh, Prinzessin, du bist ja noch gar nicht umgezogen!

**Prinzessin:**   *(schlägt die Hände vor 's Gesicht)*

**Gretel:**   Nur du kannst uns helfen! Das Brautkleid ist verschwunden! Du musst es unbedingt finden – und zwar schnell!

**Kasper:**   Aber ich weiß ja gar nicht, wer es hat. Moment – vielleicht haben die Kinder etwas gesehen. Kinder, wisst ihr, wer das Kleid haben könnte?

**Kinder:**   *(erzählen)*

**Kasper:**   Soso, die Hexe mal wieder! Und ihr wisst genau, dass sie es mitgenommen hat? – Hm, da brauche ich einen Plan.

**Zauberer:**   *(kommt dazu)*
Guten Tag die Herrschaften. Ist etwas passiert? Prinzessin, solltest du dich nicht langsam fertig machen? In zwei Stunden fängt schon die Kirche an.

**Prinzessin:**   Ich kann nicht!

**Kasper:**   Die Sache ist nämlich die: Die Hexe ist mit dem Brautkleid abgehauen. Ich muss los und versuchen, es ihr wieder abzunehmen.

**Zauberer:**   Vielleicht kann ich helfen!
*(zeigt der Prinzessin 2 Fläschchen)*
Das sollte eigentlich dein Hochzeitsgeschenk sein. Aber vielleicht kannst du es jetzt schon gebrauchen.

**Prinzessin:**   Was ist da drin?

**Zauberer:**   Das sind Lachtropfen!

**Kasper:**   Lachtropfen? Wie sollen die uns denn helfen?

**Zauberer:**   Das geht so:
*(hält das rote Fläschchen hoch)*
Das sind die Lachtropfen
*(hält das blaue Fläschchen hoch)*
und das ist das Gegenmittel. Wenn du jemandem ein paar Tropfen aus dem roten Fläschchen ins Gesicht spritzt, lacht er sich kaputt. Es sei denn, du erlöst ihn mit dem Gegenmittel.

**Kasper:**   Das ist ja toll! Darf ich das für die Hexe benutzen?

**Zauberer:**   Bitte. Du musst dir nur die Farben merken. Rot sind Lachtropfen.

**Gretel:**   Na los, worauf wartest du noch? Mach dich auf den Weg!

**Kasper:** *(nimmt die Flaschen)*
Ich geh ja schon.
*(geht ab)*

**Gretel:** *(zur Prinzessin)*
Komm mit, ich mache dir erst einmal einen schönen Tee zur
Beruhigung.

**Prinzessin:** Ja gut. Hoffentlich schafft der Kasper das noch rechtzeitig.
*(zum Zauberer)*
Und vielen Dank, Herr Zauberer!

**Zauberer:** Gern geschehen. Ich hoffe doch auch, dass die Feier stattfinden
kann.
*(alle gehen ab)*

# 3. Akt
## Kasper findet das Brautkleid
*(vor Hintergrundbild Wald)*

**Kasper:** Wo war denn hier noch mal das Hexenhaus?
*(guckt sich um)*
Oh, seid mal still, ich höre was!

**Hexe:** *(man hört die Hexe, sie ist nicht zu sehen)*
Ich bin so schön, die Schönste im Land! So wunderschön …

**Kasper:** *(flüstert)*
Das ist doch die Hexe! Oder irre ich mich? – Am besten verstecke ich
mich hier. Vielleicht kann ich sie dann überraschen. Das Fläschchen
mache ich am besten schon mal auf. Wie war das noch mal Kinder?
Das blaue enthält die Lachtropfen?

**Kinder:** Nein!!!

**Kasper:** Nein? Ich glaube, ihr habt recht. Es war doch das rote.
*(hält es hoch)*
So, jetzt soll sie nur kommen. Ich bin bereit!
*(versteckt sich hinter dem Vorhang am Bühnenrand)*

**Hexe:** *(hat das Brautkleid angezogen)*
Na, wie sehe ich aus, Kinder?
*(dreht sich zu allen Seiten)*
Noch nie war ich so schön!

**Kasper:**   *(leise)*
Das gibt's doch gar nicht! Die hat ja das Brautkleid an!

**Hexe:**   Was habt ihr gesagt, Kinder?

**Kasper:**   *(kommt hervor)*
Du unverschämte hässliche Kröte, du! Wie kannst du es nur wagen, dieses Kleid anzuziehen?

**Hexe:**   *(krächzt)*
Hässlich? Hast du wirklich gesagt hässlich? Hast du denn keine Augen im Kopf?

**Kasper:**   Doch, sogar sehr gute! Und ich sehe, dass du eine gemeine Diebin bist!

**Hexe:**   Ha, warum sollen denn immer nur alle anderen schöne Kleider tragen, und ich nie?

**Kasper:**   Das ist ein Hochzeitskleid, und ohne dieses Kleid kann die Prinzessin nicht heiraten. Gibst du es mir freiwillig?

**Hexe:**   Nie im Leben!

**Kasper:**   Das wollen wir doch mal sehen!
*(spritzt der Hexe Lachtropfen ins Gesicht)*

**Hexe:**   Hoho, meinst du, ich habe Angst vor Wasser? Hihi, ho, hahaha, ist das lustig.
*(lacht immer weiter und hält sich den Bauch.)*

**Kasper:**   Es wirkt jedenfalls gut.

**Hexe:**   Hihihi, ich kann nicht mehr. Hoho
*(krümmt sich)*
Mir haha tut schon hohoho alles weh.

**Kasper:**   So ist es gut.

**Hexe:**   Bitte, hahaha, bitte mach, dass das Hihihi aufhört. Bitte, ich hihihi kann nicht mehr.

**Kasper:**   Nur, wenn ich das Brautkleid bekomme!

**Hexe:**   *(liegt am Boden und wälzt sich)*
Ich hohoho tue ja alles hihi was du haha willst. Hihiho – mach nur, hihi, dass das aufhört.

**Kasper:**   Also gut.
*(spritzt ihr Wasser aus der blauen Flasche ins Gesicht)*
So, jetzt ausziehen!

**Hexe:**   *(bleibt erschöpft liegen)*
Ich kann nicht mehr. Mein armer Bauch.

**Kasper:**    *(zieht ihr den Schleier vom Kopf)*
Los, raus aus dem Kleid! Die Hochzeitsgesellschaft wartet. Ich hab keine Zeit!
*(wickelt sie aus dem Kleid)*
Zur Strafe backst du der Prinzessin einen Entschuldigungskuchen. Wenn nicht, komme ich noch mal mit den Tropfen wieder. Und jetzt nichts wie los!
*(geht mit dem Kleid ab)*

**Hexe:**    *(haut auf den Boden)*
So eine Gemeinheit! Immer geht alles schief. – Und jetzt muss ich auch noch Kuchen backen. So was Dummes! Obergemein ist das!
*(geht ab)*

# 4. Akt

## Die Prinzessin ist glücklich

*(vor Hintergrundbild Schloss)*

**Prinzessin:**    Wenn der Kasper nicht bald kommt, muss ich die Hochzeit absagen. Dann müssen die Gäste wieder nach Hause gehen.

**Gretel:**    Warte noch eine halbe Stunde. Der Kasper kommt bestimmt.

**Kasper:**    *(kommt angehetzt)*
Hab ich da meinen Namen gehört?
*(hält der Prinzessin das Kleid hin)*
Hier bitte! Du kannst dich umziehen. Ich hoffe, es ist nicht schmutzig geworden.

**Prinzessin:**    *(fällt ihm um den Hals)*
Du hast es wirklich geschafft! Das werde ich dir nie vergessen. Danke! *(nimmt das Kleid und verschwindet)*

**Gretel:**    Gott sei Dank! Die Gäste werden schon unruhig. Und erst der Prinz. – Komm, Kasper, mach dich schnell fein und dann ab zur Feier!

**Kasper:**    Gut, langsam kriege ich auch Hunger!

**Gretel:**    Ich freue mich auch schon auf das Hochzeitsessen!

**Kasper:**    Dann sehen wir uns gleich! Ich beeile mich. – Tschüss Kinder!
*(geht ab)*

**Gretel:**    Das ist ja gerade noch mal gut ausgegangen. Jetzt können wir in Ruhe feiern. Tschüss Kinder, bis zum nächsten Mal!
*(geht ab)*

# Lebkuchenzauber

Puppenspiel in 4 Akten zum Thema Vorweihnachtszeit

**Es spielen:**

2 PuppenspielerInnen

**Es spielen mit:**

Kasper
Zauberer
Seppel
Gretel
Fee (Prinzessin)
König
Großmutter

**Requisiten:**

Lichterkette
kleine Lebkuchen
Schleier für die Fee
Tannenzweig, der mit Sternen aus
    Goldfolie geschmückt ist
Kerze (oder Teelicht im Glas)
Glas oder Tasse
Bettzeug (aus dem Puppenbett oder aus
    Tüchern)

**Kulisse:**

geschlossener Vorhang
evtl. Hintergrundbild Schloss

**Spielhinweise:**

Das Stück muss mit zwei SpielerInnen aufgeführt werden. Günstig ist folgende Puppenaufteilung:

**SpielerIn 1:**  Kasper, Seppel, Fee,
                 Großmutter
**SpielerIn 2:**  Zauberer, Gretel, König

Dieses Stück eignet sich gut dazu, komplett
vor geschlossenem Vorhang gespielt zu
werden. Wenn vorhanden, kann im 2. Akt
als **Hintergrund** das Schloss benutzt werden. Aber nötig ist es nicht.

Da die Handlung in der Adventszeit spielt,
wäre es schön, wenn um die **Bühne** herum
eine Lichterkette befestigt würde (vielleicht
auch mit kleinen Tannenzweigen geschmückt). Um sie zu befestigen, werden

am besten kleinere Nägelchen in das Holz des Theaters geschlagen. Zur Not reichen auch Heftzwecken. – So entsteht mit wenig Aufwand die weihnachtliche Stimmung, die für das Stück nötig ist.

Die **Fee** kann, falls sie als Puppe nicht vorhanden ist, auch von der Prinzessin dargestellt werden. Dazu legt man ihr ein Stück dünnen Stoff oder ein Tuch über den Kopf, das entweder mit einem Gummi oder mit einer Schnur um die Krone festgebunden wird. Dieser Schleier sollte vorne kürzer als hinten sein. Besonders schön sieht Gardinenstoff oder Tüll aus. Wer möchte, kann noch kleine Goldsterne ausschneiden und auf den Stoff nähen oder kleben.

Wenn der **König** als Figur nicht vorhanden ist, kann er auch weggelassen werden, weil er für die Handlung nicht so wichtig ist. Dann treffen Seppel und Kasper direkt auf die Fee und der Dialog mit dem König wird weggelassen.

Der **Zauberer** könnte, wenn er nicht vorhanden ist, auch durch die Hexe ersetzt werden.

Wenn der **Seppel** im 3. Akt die Kerze anzündet, dreht er sich um oder verschwindet kurz von der Bühne. So kann SpielerIn 2 sie anzünden. Sicherer wäre ein Glas oder eine Tasse mit Teelicht, die aber gut von der Puppe getragen werden kann.

# 1. Akt
## Bald ist Weihnachten!
*(vor geschlossenem Vorhang)*

**Kasper:** *(singt und ist schon zu hören, bevor er erscheint)*
Morgen Kinder wird's was geben,
morgen werden wir uns freun.
Welch ein Jubel, welch ein Leben wird in unsrem Hause sein.
*(entsprechende Anzahl einfügen)*
5-mal werden wir noch wach,
Heißa, dann ist Weihnachtstag!
Hallo Kinder, seid ihr auch schon so aufgeregt, weil bald Weihnachten ist? – Was ich wohl bekomme? Ich habe mir ein Fahrrad gewünscht, und ihr?

**Kinder:** *(erzählen und Kasper gibt hin und wieder Kommentare dazu ab)*

**Kasper:** Hoffentlich ist das Fahrrad nicht zu teuer!
*(tanzt aufgeregt)*
Hach ist das schön, wenn alle Leute so gute Laune haben. Ich brauche unbedingt für die Gretel noch ein Geschenk. Habt ihr vielleicht eine Idee?

**Kinder:** *(antworten)*

**Kasper:** *(greift Vorschläge auf)*
Ich habe noch 10 Euro in der Spardose.

**Zauberer:** *(ist fast von seinem Umhang verdeckt)*
Oh, guten Tag junger Mann!

**Kasper:** Guten Tag.

**Zauberer:** Eine schöne Adventszeit wünsche ich.
*(hält Kasper einen Lebkuchen hin)*
Etwas Lebkuchen gefällig?
*(leise zu den Kindern:)*
Haha, verzauberter Lebkuchen. Aber das weiß ja keiner.
*(wieder laut)*
Das ist meine gute Tat für heute.

**Kasper:** *(hört nicht auf eventuelle Zurufe der Kinder)*
Ich sag's ja, vor Weihnachten sind immer alle so nett zueinander.
*(nimmt den Lebkuchen)*
Vielen Dank, sehr nett von Ihnen.

**Zauberer:** Das tu ich doch gerne.
*(leise zu den Kindern)*
Wenn der wüsste.

**Kasper:** Lebkuchen esse ich für mein Leben gern.
*(beißt ab)*
Mmm, lecker!
*(isst noch mehr)*
Mmm, kösstlich! – Aber – oh, mir wird so ...
*(kippt um und bleibt reglos liegen)*

**Zauberer:** Hohoho, es hat mal wieder geklappt. Vor Weihnachten sind ja alle
Menschen so leichtgläubig. Da ist es fast ein Kinderspiel, ihnen
etwas anzudrehen. – Ich glaube, ich habe zu Hause noch etwas Bil-
senkraut. Damit könnte ich ja noch mehr verzauberten Lebkuchen
backen. Es macht gerade so viel Spaß!
*(geht ab)*

**Kasper:** *(liegt auf dem Bühnenrand)*

**Gretel
und Seppel:** *(nähern sich im Gespräch miteinander und stolpern über Kasper)*

**Seppel:** Ich muss noch Kerzen für den Tannen... – Hoppla, wen haben wir
denn da?
*(beugt sich herunter)*

**Gretel:** *(schaut ebenfalls nach)*
Das ist doch der Kasper!
*(rüttelt ihn)*
Kasper, Kasper, was ist mit dir los? Wach auf!

**Seppel:**    Da stimmt doch etwas nicht! Er schläft ja wie tot. Kinder, habt ihr vielleicht gesehen, was hier passiert ist?

**Kinder:**    *(erzählen)*

**Gretel:**    Schau, er hält noch ein Stück Lebkuchen in der Hand! Ich glaube, die Kinder haben recht und Kasper ist verzaubert.

**Seppel:**    *(rüttelt den Kasper)*
Wach auf, Kasper! Mach doch die Augen auf!

**Gretel:**    Nichts passiert. Was machen wir denn bloß?

**Seppel:**    Am besten, wir bringen ihn ins Krankenhaus.

**Gretel:**    Jaaa, vielleicht. Meinst du, der Doktor kennt sich auch mit Zauberei aus?

**Seppel:**    Ich weiß nicht. – Was meint ihr, Kinder?

**Kinder**    *(antworten)*

**Gretel:**    Ich glaube, ich habe eine Idee! – Im Schloss ist im Moment die Fee Susalinde zu Besuch. Der König hat sie eingeladen. Sie müsste sich eigentlich mit Zauberei auskennen.

**Seppel:**    Ja, das kann gut sein. Fragen können wir sie auf jeden Fall. Komm, schnell! Wir müssen den Kasper mitnehmen, sonst wird er noch überfahren.

**Gretel:**    Ja, zuerst bringen wir ihn zu mir und legen ihn in mein Bett. Fass mal mit an!

       *(beide schleppen Kasper von der Bühne, einer hält ihn am Kopf, einer an den Füßen)*

# 2. Akt

## Die Fee weiß Rat

*(vor Hintergrundbild Schlosspalast oder geschlossenem Vorhang)*

**Fee:**    *(zum König)*
Schön, dass wir uns wieder einmal gesehen haben. Beim nächsten Mal kommst du zu mir einen Tee trinken, wenn du gerade in der Nähe bist.

**König:**    Das mache ich doch gerne.
*(es klopft)*
Nanu, wer ist denn das? – Herein!

**Gretel:**     *(kommt mit dem Seppel herein)*
Gut, dass ich Sie noch antreffe! – Oh, guten Tag erst einmal.

**Seppel:**     Guten Tag!
*(zur Fee)*
Fee Susalinde, wir brauchen unbedingt Ihre Hilfe!

**Fee:**     So? Was kann ich denn für euch tun?

**Gretel:**     Der Kasper hat verzauberte Lebkuchen gegessen!

**Seppel:**     Ja, das haben uns die Kinder erzählt!

**Gretel:**     Jedenfalls schläft er jetzt wie tot und ist nicht mehr wach zu bekommen.

**Seppel:**     Ja, und da haben wir uns gedacht, Sie kennen sich bestimmt besser mit Zauberei aus als der Doktor.

**Gretel**:     Und vielleicht wissen Sie ja sogar einen Gegenzauber.

**Fee:**     Soso, dann lasst mich den Kasper mal anschauen, und unterwegs erzählt ihr mir alles noch einmal ganz genau.

**Grctel:**     Ja schnell, ich bringe Sie hin.
*(fasst die Fee an der Hand und zieht sie von der Bühne)*

**Seppel:**     Hoffentlich kann sie etwas tun.

**König:**     Du meine Güte, das hat sich aber gar nicht gut angehört.

**Seppel:**     Er lag mitten auf der Straße, als wir ihn gefunden haben.

**Fee:**     *(kommt mit Gretel wieder zurück)*
Tja – nur wer den Kasper gefunden hat, kann ihn auch retten.

**Seppel:**     Ja, gibt es etwas, was wir tun können?

**Gretel:**     *(aufgeregt)*
Was denn? Sagen Sie es, schnell!

**Fee:**     Es ist nicht ganz einfach. Soviel ich weiß, ist der Kasper nur durch Freudentränen wieder zu wecken.

**König:**     Freudentränen?

**Seppel:**     Wo kriegen wir die denn her?

**Fee:**     Hört mir gut zu: Bastelt mit euren eigenen Händen Weihnachtsbaumschmuck. Am besten goldene Sterne. Dann schneidet um 12.00 Uhr mittags im Wald einen Tannenzweig ab und hängt die Sterne daran. Macht mit diesem Sternenzweig jemandem so eine große Freude, dass er Tränen vergießt. Es schadet auch nicht, wenn ihr dazu ein Weihnachtslied singt oder ein Gedicht aufsagt. – Die

Tränen fangt auf und tropft dem Kasper etwas davon auf die Stirn und die Hände. Dann müsste er eigentlich erwachen. – Habt ihr alles verstanden? Könnt ihr euch das merken? Na, die Kinder werden euch bestimmt helfen! Ich muss jetzt aber wieder weiter, ich wünsche euch viel Erfolg!
*(geht ab)*

**Gretel:** *(ruft hinter ihr her)*
Vielen Dank für den Rat.

**Seppel:** Gut, dass wir die Fee noch getroffen haben. Aber jetzt machen wir uns sofort an die Arbeit, damit wir bis 12.00 Uhr fertig sind.

**Gretel:** Am besten basteln wir bei mir, ich habe noch Goldfolie zu Hause.

*(beide gehen ab)*

# 3. Akt
## Großmutters Freudentränen
*(vor geschlossenem Vorhang)*

**Gretel:** *(hält einen Tannenzweig hoch, an dem goldene Sterne hängen)*
Ist der Zweig nicht schön geworden? Den habe ich gerade um Punkt 12.00 Uhr abgeschnitten.

**Seppel:** Ja wirklich.
*(hält eine Kerze hoch)*
Und ich habe für die weihnachtliche Stimmung noch eine Kerze mitgebracht.

**Gretel:** Das war eine gute Idee. Ich weiß auch schon, wer sich bestimmt darüber freut.

**Seppel:** Ich auch!

**Gretel und Seppel:** *(beide gleichzeitig)*
Die Großmutter!

**Seppel:** Dann komm! Nichts wie hin zu ihr!

**Gretel:** Sollten wir nicht auch noch ein Gedicht aufsagen?

**Seppel:** Ach ja. Ich kenne eins: Advent, Advent, ein Lichtlein brennt.

**Gretel:** *(begeistert)*
Ja, das kenne ich auch. Vielleicht haben die Kinder Lust, es mit uns zusammen aufzusagen?

**Seppel:** Ja, Kinder, habt ihr Lust?

**Kinder** *(antworten)*

**Gretel:** Prima, da wird die Großmutter aber staunen.

*(beide gehen hin und her über die Bühne)*

**Seppel:** Halt, wir sind schon da! Kinder, lasst uns die Großmutter zusammen rausrufen!

**Gretel:** Ja gut. Bei 3 geht's los. 1 – 2 – 3

**alle:** Großmutter!

**Großmutter:** *(steckt den Kopf hervor)*
Hab ich richtig gehört? Hat mich jemand gerufen?

**Gretel:** Ja Großmutter. Wir sind's, der Seppel und ich.

**Großmutter:** Ach Kinder!
*(kommt ganz hervor)*
Das ist aber nett, dass ihr mich besuchen kommt. Wollt ihr eine Tasse Kakao?

**Seppel:** Später. Zuerst haben wir eine Überraschung für dich. Halte dir mal kurz die Augen zu.
*(dreht sich um und kommt mit brennender Kerze zurück)*
So, du kannst die Augen wieder aufmachen.

**Gretel:** *(hält der Großmutter den Zweig hin*
Wir haben dir etwas mitgebracht. Das haben wir selbst gebastelt.
*(sagt leise zu den Kindern)*
Achtung, 1 – 2 – 3 …

**alle:** Advent, Advent, ein Lichtlein brennt.
Erst eins, dann zwei, dann drei, dann vier
Dann steht das Christkind vor der Tür.

**Seppel:** *(hält Großmutter die Kerze hin)*
Und die Kerze ist auch für dich. Jetzt kannst du es dir richtig gemütlich machen.

**Großmutter:** *(schnieft und reibt sich die Augen)*
Ach Kinder, ich bin ja ganz gerührt. Das ist sooo nett von euch.
*(fängt an zu weinen)*

**Seppel:** Schnell Gretel, hol ein Glas!

**Gretel:** *(verschwindet kurz und kommt mit einem Glas wieder)*
Hier!
*(reicht es dem Seppel)*

**Seppel:** *hält der Oma das Glas unter die Augen)*

**Großmutter:** Was machst du da?
*(will die Tränen abwischen)*
Hol mir lieber ein Taschentuch.

**Seppel:** *(hält ihre Hand fest)*
Nicht wegwischen! Deine Tränen sind zu wertvoll!

**Großmutter:** Was redest du da? Ich verstehe überhaupt nichts mehr.

**Gretel:** Die sind für den Kasper. – Aber das erzählen wir dir später noch genau.

**Seppel:** Ich glaube, ich habe genug. Danke Großmutter. Wir haben jetzt wirklich keine Zeit mehr. Bis später!
*(beide gehen ab)*

**Großmutter:** *(schüttelt den Kopf)*
Bin ich jetzt verrückt geworden? – Na ja, aber mit der Überraschung das war wirklich lieb. Den Zweig stelle ich jetzt erst einmal in eine schöne Vase, und dann mache ich es mir mit der Kerze und einem schönen Buch auf dem Sofa gemütlich.
*(geht ab)*

# 4. Akt

## Kasper ist wieder wach

*(vor geschlossenem Vorhang)*

**Kasper:** *(liegt zugedeckt im Bett – auf dem Bühnenrand)*

**Gretel:** *(und Seppel erscheinen mit dem Glas)*
Guck mal, er liegt noch genauso da wie vorhin.

**Seppel:** *(rüttelt ihn)*
Kasper, Kasper! Hörst du mich?

**Gretel:** Es hat keinen Zweck. Was hat die Fee noch gesagt? – Müssen wir ihm die Tränen ins Gesicht schütten?

**Seppel:**     Nein, ich glaube auf die Stirn und Hände tropfen. Komm, halt das
                Glas, dann kann ich meinen Finger eintauchen.
                *(taucht die Hand ins Glas und berührt Kaspers Stirn und beide Hände)*
                Ob das reicht?

**Gretel:**     Mach es lieber noch mal!

**Seppel:**     *(wiederholt die Prozedur)*

**Kasper:**     *(bewegt sich etwas)*

**Gretel:**     Hast du gesehen? Er hat sich bewegt!

**Seppel:**     Na endlich!
                *(rüttelt den Kasper wieder)*
                Hallo, hallo Kasper! Erkennst du uns?

**Kasper:**     *(reibt sich die Augen und setzt sich auf)*
                Wieso? Was für eine blöde Frage?

**Gretel:**     *(fällt ihm um den Hals)*
                Juchhu! Wir haben dich wieder!

**Kasper:**     *(zum Seppel)*
                Was ist denn mit der Gretel los?

**Seppel:**     Kannst du dich an gar nichts erinnern? Du hast verzauberte Lebku-
                chen gegessen und wie tot geschlafen.

**Gretel:**     Wir konnten dich nicht wecken, aber die Fee Susalinde hat uns ge-
                holfen, einen Gegenzauber zu finden. Wir haben goldene Sterne ge-
                bastelt, und dann hat die Großmutter geweint und ...

**Kasper:**     Langsam,  langsam.
                *(steht auf)*
                Ich verstehe kein Wort!

**Seppel:**     Am besten, wir gehen jetzt alle drei zur Großmutter und erzählen
                dort die ganze Geschichte von Anfang an. Sie ist sicher auch schon
                ganz gespannt!

**Kasper:**     Da bin ich aber neugierig.

**Gretel:**     Ja, du hast eine Menge verpasst! Komm!
                *(zieht den Kasper mit)*
                Auf Wiedersehen Kinder, und noch eine schöne Adventszeit für
                euch alle.

**Seppel:**     Genau, und frohe Weihnachten! Auf Wiedersehen!

                *(alle gehen ab)*

# Die Autorin

**Ursula Lietz** ist Erzieherin, Übungsleiterin und Heilpraktikerin mit eigener Praxis in Voosen, Mönchengladbach. In der Kindergartenarbeit entstanden die Ideen für ihre ersten Kasperlebücher und die Liebe zum Puppenspiel sowie die Praxisnähe ihrer Stücke, die mit den eigenen Kindern noch ausgebaut wurde. Sie leitete lange verschiedene Kindergymnastik- und Tanzgruppen und behandelt auch heute noch viele Kinder in ihrer homöopathischen Praxis.

# Die Illustratorin

**Kasia Sander**, geboren 1964 in Gdynia (Polen), studierte an der Danziger Kunstakademie und machte 1993 ihr Diplom an der Fachhochschule für Design in Münster.

Seitdem illustriert die Grafikdesignerin Bücher für diverse Verlage (Arena, Ökotopia, Schneider u. a.) und arbeitet seit 2006 als Karikaturistin für die Recklinghauser Zeitung. Darüber hinaus leitet sie Workshops in Ölmalerei und Zeichnung.

Kasia Sander hat ihre Werke mehrfach in Gemeinschafts- und Einzelausstellungen präsentiert.